U0909556

ENTERPRISE
PARTNER

事业合伙人

知识时代的企业经营之道

康至军◎著

机械工业出版社
China Machine Press

图书在版编目（CIP）数据

事业合伙人：知识时代的企业经营之道 / 康至军著．—北京：机械工业出版社，2016.1（2017.9 重印）

ISBN 978-7-111-52803-6

Ⅰ. 事…　Ⅱ. 康…　Ⅲ. 企业经营管理 - 研究　Ⅳ. F270

中国版本图书馆 CIP 数据核字（2016）第 005963 号

事业合伙人：知识时代的企业经营之道

出版发行：机械工业出版社（北京市西城区百万庄大街 22 号　邮政编码：100037）
责任编辑：董凤凤
责任校对：董纪丽
印　　刷：北京诚信伟业印刷有限公司
版　　次：2017 年 9 月第 1 版第 10 次印刷
开　　本：147mm × 210mm　1/32
印　　张：6.125
书　　号：ISBN 978-7-111-52803-6
定　　价：39.00 元

凡购本书，如有缺页、倒页、脱页，由本社发行部调换
客服热线：（010）68995261　88361066　　投稿热线：（010）88379007
购书热线：（010）68326294　88379649　68995259　　读者信箱：hzjg@hzbook.com

ENTERPRISE PARTNER

推荐序·FOREWORD

现在，我平均每天要见十几个创业团队，这些创业团队上来的介绍都是“这是我的合伙人”。我发现，很多创始人没有真正理解什么是合伙人，合伙人机制会有哪些挑战。

职业经理人的称呼似乎已经不合时宜了，昨天还是职业经理人，一夜之间就全部变成了合伙人。尽管职业经理人的概念是工业时代的产物，但在今天依然有价值，因为真正合格的职业经理人，就应该具有创业态度和企业家精神。

时代在转变。今天我们进入移动互联网创业时代，它跟工业化时代的区别在于，传统的做法靠经验，移动互联时代企业的发展靠学习。变化越来越快，在这样的时代，没有一个人是无所不能的，正因为如此，才需要搭建互相成就、互相弥补的团队，为客户创造价值。正因为如此，合伙人机制才变得如此重要。

既然合了伙，就要共创、共享、共担。在传统模式下，董事长带着大家走，实现自己的梦想；在合伙人时代，则是团队相互扶持着走，实现共同的梦想，每个人都是发动机。在与创业者交流的过程中，我经常能够看到他们眼睛里的光芒，他们跟普通的职业经理人真的不一样，他们有为梦想而创造的那种激情，这是合伙人必须有的特质。

合伙人机制也提出了新的组织和管理挑战。

工业时代形成的雇员社会，在知识和互联时代发生了倒退。今天，合作和合伙关系在组织之间以及组织内部越来越普遍。互联网推动了共享经济，极大地改善了资源配置效率，使得每个人都成为价值创造者。人才与组织的关系越来越平等，甚至组织反而要依附于关键人才。这让组织必须放弃传统的雇主与雇员的概念。

德鲁克早在数十年前就预言，在知识时代，人力资本将成为唯一有意义的资源；只要拥有人才，其他的资源就会纷至沓来。今天，德鲁克的预言已成事实。人力资本已经崛起，甚至已经开始超越财务资本，成为最活跃的资源。这将颠覆传统的价值分配方式。

合伙人机制对于核心创始人的管理方式也提出了全新的要求。在传统模式中，环境相对稳定，老板包打天下，这两点在知识互联时代都已被颠覆。传统的指令式管理已经完全失效，创始人需要真正以平等的态度对待合伙人，以充分激发团队的创造力。

在本书里，至军将事业合伙人的主题置于知识和互联时代的背景之下进行审视，通过对万科、海尔、华为、阿里巴巴等优秀企业的实践剖析，得出的结论我很赞成：建立事业合伙人机制，不仅仅只是做一些股权激励，而是要颠覆和重构人才与组织、人才与资本、人才与上司之间的关系。

创业维艰。在这个大时代，创业者既要突破传统商业模式，又要突破传统管理思维。希望本书能够给更多的创业者带来启发，帮助创业者在超越自我的道路上走得更远。

毛大庆
优客工场创始人、董事长

ENTERPRISE PARTNER

比互联网更大的风口

“事业合伙人”正在席卷中国企业界。

因为万科，“事业合伙人”成为 2014 年企业界的主题词。跟随着万科的步伐，不仅房地产行业内的诸多企业如碧桂园、金地集团、越秀地产等纷纷试水，包括美的集团、永辉超市、爱尔眼科在内的其他行业的优秀企业，也纷纷效仿万科启动事业合伙人机制。

壹：万科

万科一直领跑房地产行业，这一次领跑了中国企业。有意思的是，万科原本带着对互联网思维的焦虑，先后拜访了腾讯、阿里巴巴、百度、小米、海尔等多家互联网时代的先锋企业，但在走访了一圈之后，万科却“抛弃”了互联网思维，代之以“事业合伙人”，并将其作为影响万科未来十年的关键决策。

在 2014 年年底致员工的一封信中，万科总裁郁亮阐述了其背后的逻辑：

互联网时代最大的变化，是知识经济的全面崛起。在知识经济时代，知识资本将取代实物资本，成为最活跃的经济资源。如何用全新的合约安排，激发知识资本的创造力？这是这个时代最重要的课题，也可能是比互联网信息技术更大的风口。

相信很多人都会关心：万科的事业合伙人机制到底包括哪些内容？这一年多来，万科围绕事业合伙人机制的落地都做了些什么？

因此，本书以万科的事业合伙人实践作为开篇。在日常的观察和交流当中，我们发现很多模仿者对万科实践的理解比较肤浅，将之等同于股权激励的再度风行。本章以郁亮提出的“事业合伙人是分享机制，也是发展机制、管理机制”为框架，以万科的机制和实践细节为基石，力图还原万科的完整思考和一年多来的变革历程。

贰：巴菲特和阿里巴巴

万科的事业合伙人当中，有一对隐含的悖论。

一方面，万科管理层将股东利益放在更加重要的位置。长期以来，万科管理层将为股东创造价值作为重要使命，甚至在万科的领导力模型当中，就有“股东视角”的素质项。通过事业合伙人持股计划，万科管理层将自身利益与股东利益更紧密地绑定在一起。

另一方面，万科管理层希望“要自己掌握自己的命运”。在2014年启动事业合伙人机制的会议上，郁亮提出管理层必须通过多层次的合伙机制，牢牢掌握主动权。虽然万科的出发点是“应对‘外部野蛮人’的威胁”，但从另外的角度来看，就是管理层要拥有超越股东的控制权。

悖论的背后，是经营层与投资者之间的利益和权力关系。这一对悖论的两面，都值得关注。

如何让经营层与投资者的利益保持一致？一个并不广为人知的事实是，流行的股票期权激励制度，不仅没有达到它所宣称的目标，反而导致了投资者与经营层利益的更深层次的分歧。

沃伦·巴菲特对此有深刻的认识，他一直提醒人们关注股票期权机制的事与愿违，从未在自己的伯克希尔-哈撒韦公司运用过股票期权，而是采取了独具特色的激励机制。沃伦·巴菲特对于自己在首席执行官的薪酬管理方面的表现颇为满意，曾经在公司年报上披露，自己花费了很少的时间，而且在公司近50年的历史上，没有一位首席执行官主动离开。

为什么股票期权机制反而会让经营层站到了股东的对立面？巴菲特的经营层激励理念是什么？巴菲特的理念与万科最新的实践有哪些暗合之处？这是第2章的主要内容。

经营层和投资者，应该由谁来掌控公司？在传统公司治理理论中，投资者（股东）毫无疑问是“主人”。但随着知识社会的到来和知识资本的崛起，知识与资本之间的天平也在发生微妙的变化。

阿里巴巴上市前后，湖畔合伙人制度引起诸多讨论。通过构建“凌驾”于董事会之上的合伙人机制，阿里巴巴挑战了现有的公司治理理念，确保企业的控制权掌握在传承阿里巴巴价值观和文化的合伙人手中，而不是传统的投资者手中。

阿里巴巴合伙人制度有哪些内容？阿里巴巴为何要选择合伙人制度？阿里巴巴和万科的做法有何相似之处？这是第3章的主要内容。

这两章组成了本书第二部分的内容。以万科事业合伙人中隐含的悖论为基础，通过对巴菲特理念和阿里巴巴实践的详细介绍，我们希望帮助读者来重新审视经营层与投资者的关系。

叁：海尔、华为与德鲁克

回到郁亮提出的经典问题，如何真正激发知识资本的创造力？沿着这条主线，我们发现了三个互补的理念和实践：在激励上，让知识与资本共享价值，以价值创造者为本；在组织上，通过划小经营单位激发员工的企业家精神；在管理上，则需要改变自上而下的管理定式和传统的上司与下属的关系。

随着知识社会的到来和知识资本的崛起，至少有以下三大关系需要颠覆：

- 人才与资本的关系
- 人才与组织的关系
- 人才与上司的关系

我们选择了华为的案例，来解读人才与资本的关系。尽管很多企业都曾与员工慷慨地分享经营成果，但华为是最早的一家将之上升到理论高度（知识资本化），并写入企业管理大纲（华为基本法）中的中国企业。

在梳理华为实践的过程中，我们发现华为不仅关注人才与资本的关系，而且将处理好两者的（利益分配）关系作为管理的核心。在近年的讲话当中，华为总裁任正非明确提出，要处理好人力资本与货币资本的利益分享关系，让货币资本获得基本的合理回报，公司激励政策要向人力资本倾斜。

员工持股不是万能的。外界一直将华为的员工持股作为学习的对象，但华为近年来却提出，员工持股已经成为公司的枷锁。为此，华为不断创新激励机制，以适应公司的发展阶段，同时不断激活组织、导向冲锋，与“以奋斗者为本”的理念保持一致。

第 4 章介绍了华为的员工持股实践。

我们选择了京瓷和海尔的案例，来解读人才与组织的关系。阿米巴和自主经营体已经为企业界所熟知，背后的共性就是通过划小经营单位，从而激发员工的企业家精神。

京瓷的阿米巴经营借助管理会计工具，在内部实现模拟结算，并没有从本质上改变员工与组织的关系；海尔曾经学习京瓷的做法，却又在十年多的时间里不断改善，并结合互联网时代的特点，做出了更加大胆的尝试。随着组织的变化，组织与员工之间也由雇用逐渐变为合作的关系。

第 5 章主要介绍了海尔的组织变革实践。

最后，我们选择通过解读德鲁克，来观察人才与上司的关系的变化。知识时代的崛起加上互联网的冲击，推动企业重塑管理，激活个体。而在这一过程中，管理者与员工的关系的调整，就成为重中之重。

作为一位长寿的智者，德鲁克有机缘观察到传统工业时代和知识经济时代的根本不同，敏锐地洞察到知识时代管理者与下属关系的变化，并大声疾呼“传统管理者与下属的关系将会消失”。

从工业时代至今，管理者与下属的关系可以分为三个阶段，有过两次至关重要的变化。老福特发出的“我只想雇用一双手，却还要与拥有这双手的脑袋打交道”的感慨，可作为工业时代员工定位的绝佳注脚。在日本企业超越了美国企业之后，松下幸之助的“你们（西方人）的观念里，管理者决策，员工执行；我们的成功在于我们超越了这一点”，则是第一次重要的变化。

德鲁克在最后的岁月里，观察到“授权”和“参与”已经不符合时代的要求。第二次重要的变化是什么？在最新的阶段，传统管理者与下属的关系消失之后，两者之间应该建立怎样的关系？

第 6 章基于德鲁克的洞察，对知识时代管理者与员工的关系进行了展望。

这三章组成了本书第三部分的内容。写作结束时，我们发现了一个巧合：万科的事业合伙人“分享机制、发展机制、管理机制”的设计，分别对应了重塑人才与资本、人才与组织、人才与上司的关系。

因此，本书的结构非常简单：以万科为主案例，以阿里巴巴、华为、海尔公司的实践和巴菲特、德鲁克的理念来阐释万科事业合伙人引申出来的问题（见表 0-1）。

表 0-1　本书核心内容

章节	核心内容
第 1 章	事业合伙人的提出
第 2 章	经营层与投资者：利益（冲突）
第 3 章	经营层与投资者：权力（冲突）
第 4 章	人才与资本的关系
第 5 章	人才与组织的关系
第 6 章	人才与上司的关系

知识资本的崛起，是组织要面对的挑战，也是机会。正如华为等公司的实践所展示的，人才与资本、组织的关系，在发生变化。而互联网的兴起则使得这一变化加速。由于连接更加便捷，组织边界变得更加模糊，人才的价值更多由社会而非组织认定，优秀人才争夺战将会更加激烈。从这个角度，我们就能理解为何万科要提出“人才是唯一的资本”，为何如此多的企业跟随万科的步伐。

这不是一本很实用的书。我们的观察还非常有限，因此无法提出一个成熟的 ABC 式的解决方案框架。书中涉及的华为、海尔、阿里巴巴、万科等，都是管理者耳熟能详的中国企业。我们尽量在每一个案例的梳理中挖掘出一些之前被忽略或没有被发现的细节。如果你在阅读中时不时地感叹“哦，原来在这个地方，它们是这么做的”，我们就已经心满意足了。

这也不是一本很有高度的书。尽管我们选了一个还算“前沿”的书名，但在具体的撰写过程中，我们没有用过多的管理术语去拔高和包装企业的实践，而希望尽可能介绍企业真实发生的事情。时代的大幕刚刚拉开，企业的管理实践和尝试，经不起过于深刻的诠释。

当然我们也提出了一个简约的框架，希望将这六章的内容有效地串起来，以帮助你更高效地把握本书的内容。总体而言，本书更是希望将事业合伙人的主题，放在时代的背景之下进行观察，触发更多的关注和思考。

ENTERPRISE PARTNER

目录·CONTENTS

01

第 1 章

万科：从职业经理人到事业合伙人

ENTERPRISE
PARTNER

引言 万科因互联网焦虑而寻求突破之道，最终却选择“事业合伙人”作为解决未来十年问题的答案，甚至将人才理念大幅刷新，由原来的“人才是万科的第一资本”，改为“人才是万科的唯一资本”。“唯一”二字，意义深远。

万科为什么要启动事业合伙人机制？事业合伙人是否只是一种利益分享制度？本章试图还原万科一年多来的思考和行动，以帮助更多的人全面理解万科的实践，进而真正有所学习和借鉴。

比互联网更大的风口

小米无疑是近年来的现象级公司。2011 年 8 月，小米手机发布。4 个月后，小米公司估值达到 10 亿美元；25 个月后，公司估值达到 100 亿美元，成为国内第四大互联网公司；2014 年年底，估值更是达到 450 亿美元。其间，雷军的互联网思维七字诀“专注、极致、口碑、快”几乎人尽皆知。

在全球无数家基于安卓系统打造的智能手机厂商中，小米不仅杀出重围，而且让其他厂商感受到了极大的竞争压力。根据德国统计公司 Statista 提供的数据，在全球智能手机市场上，小米占据的份额已从 2013 年的 2.1% 升至 2014 年年末的 5.3%。小米 MIUI 系统运行起来平滑流畅，完全可与 iPhone 或三星的高端手机媲美，但售价却常常仅是后者的一半。

小米这一简单的优质低价战略，已威胁到了几家业界大佬的商业模式，被视为手机行业的搅局者。后来小米将这一模式复制到充电宝、手环等多个行业，让竞争对手又敬又畏。

2013 年，雷军曾在一个场合问万科总裁郁亮，“你们的房子价格能不能降一半”，这让郁亮思考了很久。2013 年年底，郁亮在深圳的一次内部演讲中坦承，他担心未来房地产行业出现类似“小米”的搅局者，以互联网的思维模式打乱行业旧秩序，威胁甚至取代以万科为代表的行业模式。

互联网思维引发的焦虑

为此，万科管理学院设计了名为“之间”的高管游访项目，万科高管密集拜访了四家互联网先锋企业：腾讯、阿里巴巴、海尔和小米。

2013 年 10 月，郁亮带领万科集团执行副总裁周卫军、万科集团副总裁兼物业事业部执行官朱保全等高管，奔赴阿里巴巴总部交流学习。阿里巴巴集团首席执行官陆兆禧、总参谋长曾鸣、首席技术官王坚等高管，均出面接待万科团队。

2013 年 12 月，郁亮率领一支由 200 人组成的团队来到腾讯总部“取经”。腾讯公司董事会主席马化腾亲自接待了万科团队的来访，并给万科来访团做了题为《新互联网时代》的演讲。郁亮表示要“学习腾讯，建立生态系统，自己革自己的命”。

2014年1月，郁亮继续率领60多位中高层管理人员到海尔学习其互联网思维，海尔集团董事局主席兼首席执行官张瑞敏和海尔集团轮值总裁周云杰分别做了1个小时的演讲。海尔的管理创新让郁亮印象深刻，他对张瑞敏的一句话尤其认可，“只有时代的企业，没有成功的企业”。

2014年2月，郁亮又带领90位公司高管到访小米，雷军出席做了1个小时的演讲，分享了小米的创业历程、小米商业模式的特点和他对互联网思维的理解，并谈到用互联网思维改造企业非常难，因为企业做得太成功了，而改造则首先需要颠覆自己。

万科是一家非常理性的公司。几年之前，企业界青睐“执行力”，郁亮就在媒体见面会上表示：“执行力的理念是上级推卸责任给下级很便捷的手段。”他甚至提及自己也不会让万科的同事看执行力方面的书。随着学习的深入，万科对互联网思维的认识趋于清晰。在2013年年报“致股东”的章节中，万科也总结了一年来学习移动互联网的结论：“互联网带来的变化，只是让我们和客户变得更贴近，为房企带来了更高效的‘工具’。”

对于移动互联网，万科做出了这样的描述：

我们相信互联网将改变这个世界。

我们也相信善待客户、为客户创造价值是永恒的商业逻辑。互联网带来的变化，只是让我们和客户变得更贴近。这要求我们更深入地理解客户需求的细节，更迅速地跟随客户需求的变化，而互联网也为我们做到这一点，提供了效率更高的工具。

我们相信，性价比在任何时候都是竞争力的核心。而随着产业链透明度的提高，信息不对称的减弱，在未来它会变得更加清晰和重要。

我们同意，极致是互联网时代的重要特征，且唯有专注才能做到极致。而专业化，正是万科成立以来，一直追求的方向。

我们依然可以看到，中国的城市化还远未结束。互联网时代的来临固然是世界历史的新篇章，但中国的城市化、现代化，同样是影响全球格局的重大事件。当两个伟大的进程并进之时，我们无须厚此薄彼。

“三十而立”，三十岁的万科还是一家年轻的企业，只是在不知不觉中，我们被贴上了传统行业、传统企业的标签。对此我们无意辩解，因为我们始终相信，衣食住行，是人类基本的需求。在任何一个时代，这些需求不可能消失，而只应得到越来越好的满足。

当新时代的大幕揭开时，传统企业应该做的，不是远离自己熟悉的领域，而是理解新的规则，寻找新的伙伴，运用新的工具，将原有的业务做得更好。

这就是我们的答案。

影响万科未来十年的机制

万科的焦虑不仅仅来自互联网思维的冲击。房地产行业经过多年的高速发展，已经走到了下半场。郁亮曾经用一个非常形象的方式来描述这种转变：从黄金时代到白银时代。

黄金时代最重要的特征，就是几乎完全没有存货风险，不动产始终在快速升值。白银时代，不动产价格将结束单边的快速上涨，单纯靠持有资产升值的营利模式将不复成立。房地产企业必须回归真正的实业领域，依靠产品和服务的真实价值创造来赚钱。

尽管万科在管理方面一直是行业的典范，但依然要根据行业的大势主动转型，应对挑战。另外，作为两千亿级的超大型公司，持续增长的压力也越来越大。在游访过程中，腾讯、阿里巴巴、小米、海尔的生态系统建设让万科高管团队印象深刻，阿里巴巴的合伙人制度更是给了万科很大的启发。

2014年，站到万科第四个十年的起点，万科再次畅想未来十年。3月25日，堪称万科发展史上规模最大的一次工作会议在深圳大梅沙召开，参与人员涵盖万科总裁、全部副总裁、各本部管理层、所有一线公司总经理、外部咨询顾问团队及国际友人近500人出席。

虽然移动互联网是当时最为热点的事件，但这次万科春季例会的主题却并非移动互联网，而是醒目的“事业合伙人”。工作会议结束之后，一股变身合伙人的类似创业的气氛，在万科内部蔓延开来。

从互联网思维到事业合伙人，万科的思考为何发生如此大的转变？

如果说年报中对移动互联网的阐述算是初露端倪的话，2014年年底万科完成2000亿元回款时，郁亮在致员工的信中，对这一逻辑进行了更加完整和清晰的表述：

除了行业进入白银时代，我们面对的另一个重大转变，是移动互联网时代的到来。互联网不仅仅是一种技术革新。正如蒸汽机的普及结束了对手工生产和体能力量的依赖，互联网时代最大的变化，是知识经济的全面崛起。

在知识经济时代，知识资本将取代实物资本，成为最活跃的经济资源。如何用全新的合约安排，激发知识资本的创造力？这是这个时代最重要的课题。这可能是比互联网信息技术更大的风口。

对于知识密集型行业，合伙人机制很可能取代职业经理人机制，成为知识拥有者建构自身舞台的未来主流范式。而在超大规模行业中，万科是具有最优良合伙人制度基因的企业之一。

由于万科事业合伙人制度是针对职业经理人而提的，因此大部分人将之与股权激励等联系起来也就不足为奇。很显然，万科的事业合伙人机制并非是简单的激励机制的设计。在前面提到的 2014 年万科春季例会上，郁亮已经对事业合伙人机制的内涵进行过系统的阐述。而随后万科的组织变革，也基于这一阐述展开：

在万科看来，事业合伙人不仅仅是一项简单的制度，更是一种分享机制、一种发展机制、一种管理机制。说发展机制，是因为它面向未来，并不仅仅解决万科眼前的问题，更是解决万科未来十年的问题，我们通过事业合伙人机制，能够在未来十年里把万科的舞台越做越大；说管理机制，是因为它将彻底改变我们的管理方式，而不仅仅是奖励制度；说是分享机制，是因为我们希望通过事业合伙人机制，更好地解决投资者和员工之间的利益分享。

在会议上，郁亮以“掌握自己的命运”开篇，而这个目的也的确不容忽视。因此，我们以下面的模型概括万科的事业合伙人机制，并围绕这四个方面，介绍万科的变革历程（见图 1-1）。

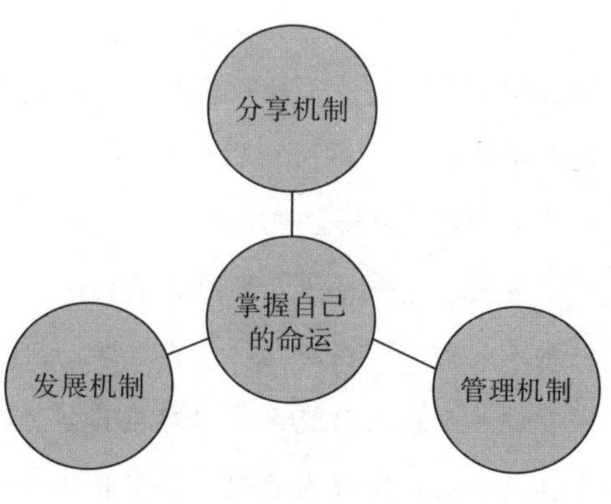

图 1-1　万科事业合伙人机制模型

分享机制：共创、共享、共担

关于事业合伙人的具体做法，万科 2014 年年报中有简要的介绍：

2014 年，为进一步激发经营管理团队的工作热情和创造力，强化经营管理团队与股东之间紧密的联系，为公司创造更大的价值，万科开始实施事业合伙人机制。在项目层面，建立跟投机制；在公司层面，推进事业合伙人持股计划。

包括在公司任职的全部 8 名董事、监事、高级管理人员在内的 1320 位员工自愿成为公司首批事业合伙人，并签署了《授权委托与承诺书》，将其在公司经济利润奖金集体奖金账户中的全部权益，委托给深圳盈安财务顾问企业（有限合伙）的普通合伙人进行投资管理，包括引入融资杠杆进行投资，同时承诺在集体奖金所担负的返还公司或有义务解除前，该部分集体奖金及衍生财产统一封闭管理，不兑付到具体个人。

万科骨干团队，从此跟股东一样成为公司的投资者。无论持股计划还是项目跟投，都引入了杠杆，这意味着，事业合伙人团队将承受比股东更大的投资风险。

共担，也就是说，与股东共同承担投资风险，是事业合伙人与职业经理人最大的区别所在。在存在浮动薪酬、奖金制度和股权激励的情况下，职业经理人与股东之间存在共创、共享的关系，但事业合伙人增加了共担。当同时存在共创、共享和共担机制的时候，管理团队的利益将与股东高度一致。在这样的制度下，团队将更真切、更直接地感受到经营的好坏，也更加关心这一点。

职业经理人的瓶颈

不难看出，上述年报中有三个主题词：事业合伙人、股东、共担。这背后的潜台词，就是职业经理人与股东之间利益的不一致。传统职业经理人制度遇到了瓶颈。

在万科游访百度的过程中，曾发生过一个很有意思的插曲。2014 年 12 月 26 日，郁亮带领万科 80 多人赴北京百度总部学习，百度董事长兼 CEO 李彦宏到场与大家交流。万科提问："谷歌曾用职业经理人主政，百度一直是你自己来做，其中有何考虑？"

李彦宏的回答让以职业经理人文化自豪的万科团队措手不及："一个迅速变化的市场中，CEO 最大的本事是对变化做出判断，但这正是职业经理人不擅长的。"李彦宏的回答结束之后，据说现场略显尴尬，冷场了好一会。

这只是一个缩影。在 2015 年 2 月的亚布力中国企业家论坛年会上，郁亮就曾坦陈，柳传志、马云、郭广昌等企业家对职业经理人都"有一点点不屑"。他们认为职业经理人最大的问题是缺乏责任的担当，基本上是包赢不包输，赢了参与分享，但是输了跟自己没关系，"最多拍屁股走人就是了"。

除了外部众多企业家对职业经理人制度的质疑之外，万科内部亦面临挑战。实际上万科是少数真正将股东利益放在核心位置的优秀企业，在万科的领导力模型当中，甚至包含"股东视角"一项。但即便如此，仍然无法解决职业经理人与股东间的不一致问题。

2008 年，万科历史上出现第一次规模和利润都下降的情况。当年，万科全面摊薄净资产收益率只有 12.65%，而社会平均值在 12% 左右。为此，万科管理层进行了检讨，并与董事会商讨确定了新的方案，引入经济利润奖，将管理层的追求与股东追求更好地结合。这个做法效果很明显。至 2013 年，万科全面摊薄净资产收益率达到 19.65%，较 2008 年提高了 50%。

2013 年，新的问题又出现了，这一年万科股票价格猛跌。万科的股价在 2013 年 1 月 30 日达到最高值 12.49 元，而 12 月 31 日，却收在了 8.03 元。但按照当时的激励机制，股票价格下降与职业经理人团队没有关联。职业经理人制度与股东诉求再次出现矛盾。

在经过反复思考之后，万科认为，职业经理人机制是共创和共享，但缺少“共担”。而事业合伙人的要求则是：共创、共享、共担。因此，为落实共担，万科在公司层面，推进事业合伙人持股计划；在项目层面，建立跟投机制。

事业合伙人持股计划

2014 年 4 月 23 日，万科召开了合伙人创始大会，共有 1320 位员工率先成为首批万科事业合伙人。所有事业合伙人均签署了承诺书，将其在经济利润奖金集体奖金账户中的全部权益，委托给深圳盈安财务顾问企业（盈安合伙）的普通合伙人[⊖]进行投资管理，包括引入融资杠杆进行投资。

万科 1320 名员工组成的事业合伙人将经济利润奖金委托给深圳盈安合伙。盈安合伙是一家有限合伙企业，其普通合伙人为深圳市盈安财务顾问有限公司，有限合伙人为上海万丰资产管理有限公司（万科工会委员会的全资子公司）以及华能信托有限公司。

⊖ 有限合伙企业是由普通合伙人和有限合伙人组成。普通合伙人负责合伙的经营管理，并对合伙债务承担无限连带责任；有限合伙人不执行合伙事务，仅以其出资额为限对合伙债务承担有限责任。

其中，深圳市盈安财务顾问有限公司是万科事业合伙人集体委托管理经济利润奖金集体账户的第三方。该项资金为集体财产，通过华能信托的一个信托计划注入盈安合伙，引入信托计划的原因是为实现集体财产的统一管理（见图 1-2）。

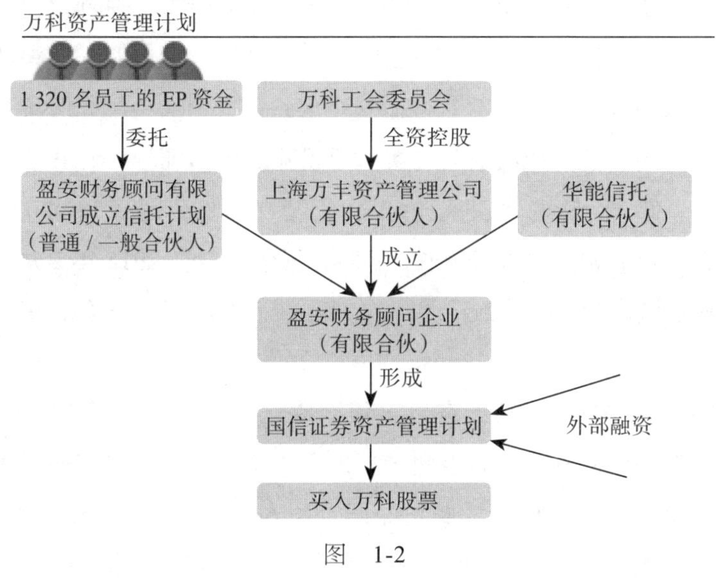

图 1-2

资料来源：《21 世纪经济报道》。

因此，盈安合伙的普通合伙人和有限合伙人的资金来源都是万科员工。由于有限合伙企业人数上限为 50 人，万科 1320 名员工通过一个信托计划将资金注入盈安合伙，避开了限制。盈安合伙注册资金 14.1 亿元，此外还引入外部杠杆资金进行合作。

在这一资金管理计划之上，万科设置了复杂的合伙、信托计划来实现合伙人对整个股票回购计划的控制；通过该资金管理计划，盈安合伙可以和外部资金进行对接，并按照市场资金利率，计算融资成本和收益，承担相应的风险。

盈安合伙的普通合伙人作为第三方，受万科事业合伙人的委托，有权决定资金的投资管理，包括引入融资杠杆。外部资金如果想加入，可以作为融资杠杆的提供方和盈安合伙进行洽谈；融资杠杆并非固定不变，盈安合伙可以根据市场情况和资金成本进行调整。

盈安合伙通过国信证券设立的资产管理计划进行买入股票的操作。国信证券资产管理部对接盈安合伙，设立国信金鹏分级集合资产管理计划，盈安合伙认购 C 类劣后份额，国信证券认购 B 类次优份额，外部资金认购 A 类优先份额，三者的比例分别为 28 : 20 : 52。盈安合伙自有资金的杠杆率放大到近 3.6 倍。截至 2015 年 2 月，盈安合伙出资额为 14.1 亿元，引入外部融资后共动用 48.8 亿元资金购买万科股票。

2014 年 10 月 31 日，在万科集团成立 30 年的长三角媒体分享会上，有记者问郁亮，若万科股价跌到盈安合伙计划的持股成本附近时，是否会安排托底机制，保证合伙人的投资收益。郁亮直言："一个公司要建立一个好的持股人机制，一定是按照市场价格买股票。以特别优惠价格买股票，旱涝保收的，那不是好制度。好制度是说你现在按照市场价格买股票，你未来还可以赚钱。"

事业合伙人持股计划是一个开放的计划，也是一个持续的计划，未来会有更多的万科员工在自愿的原则下加入到该计划中；万科事业合伙人未来获得的经济利润奖金集体奖金，也会继续投入计划中。

项目跟投制度

万科项目跟投于 2014 年 3 月底展开。所谓项目跟投，是指对于今后万科所有新项目，除旧改及部分特殊项目外，原则上要求项目所在一线公司管理层和该项目管理人员必须跟随公司一起投资，公司董事、监事、高级管理人员以外的其他员工可自愿参与投资。员工可以自愿跟投自己的项目，也可以跟投所有的项目。

万科规定，员工初始跟投份额不超过项目资金峰值的5%。此外，万科还将对跟投项目安排额外受让跟投，项目所在一线公司跟投人员可以在支付市场基准贷款利率后，选择受让不超过项目资金峰值 5% 的份额。

项目跟投的主要模式

“项目跟投”最早源于投资行业。一般来说，如果一家基金决定投资一家公司，会强制要求投资管理者必须跟投，通常要求投资管理团队的跟投额为总投资额的 1% ～ 3%。伴随着我国投资行业的发展，跟投模式随之得到广泛应用。常见的跟投模式主要有以下五种。

模式一：以个人名义跟投。管理团队成员以个人名义跟随出资并直接持有目标公司的股权。这种股权投资模式最具直接性，奉行“同股同权，同责同利”。

模式二：以公司名义跟投。管理团队以自有资金出资成立有限公司或有限合伙来担任基金的普通合伙人（GP），普通合伙人再直接或间接持有目标公司的股权。在此情况下，跟投持股比例受到有限合伙协议对普通合伙人跟投出资比例的限制。此模式利用了有限合伙制的嵌套功能，既控制基金的管理权，又在分红时避免双重征税。

模式三：直接认购基金。管理团队部分成员直接作为有限合伙人认购基金份额。

模式四：以基金名义跟投。管理团队成员作为有限合伙人另外设立一家基金，由该基金对项目进行跟投。

模式五：部分人员代持。以管理团队中的部分人员作为名义股东代持目标公司股权，其他管理团队人员则隐名持股。

万科项目跟投结构设计

万科集团设立一家有限合伙企业，由万科设立的深圳盈达和上海万丰分别作为普通合伙人（GP），城市公司推选一名具有公信力及专业判断能力的员工（以下简称代持人，）代持项目跟投份额，代持人作为有限合伙企业的有限合伙人（LP）（见图 1-3）。代持人由公司职委会推荐候选人，候选人不少于 3 名，经城市公司合伙人选举产生。

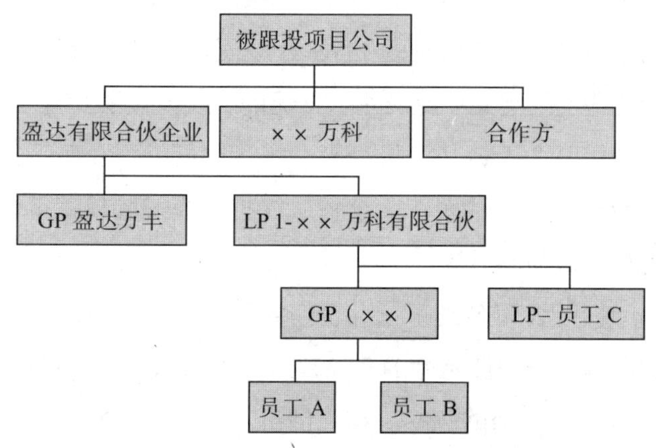

图 1-3　万科项目跟投结构设计图

代持人代表相应的员工行使一定的权利和义务。

代持人的权利：代表跟投股东进入项目公司董事会，按公司章程行使董事权利；对合伙人事务管理小组日常工作进行指导安排；

有向项目公司提出意见或建议的权利；享受与管理层同等的盈达公司跟投杠杆。

代持人的义务：依法维护跟投人的权利，定时向被代持人通报项目经营进展及成果；及时向合伙企业支付跟投资金，向被代持跟投人分配红利；与被代持跟投人签署代持协议；对于所掌握的与代持相关的信息，负有保密义务；确保代持股权权利无瑕疵，包括但不限于质押、担保等。

盈达公司跟投杠杆

对于盈达公司认缴的项目跟投份额，合伙人可在首期跟投资金募集之日起的 18 个月内向盈达公司购买，盈达公司按同期同类银行贷款基准利率收取资金成本。

盈达公司向城市公司合伙人提供的跟投杠杆，自跟投资金募集之日起每六个月开放认购一次，每次开放金额为盈达公司跟投总额的 1/3，合伙人可认购其对应的份额，如未按期认购并缴款，则视为放弃。如项目跟投资金分配时间早于以上任一次开放时间的，合伙人必须在首次资金分配前，完成对盈达公司剩余全部份额的认购，逾期未认购并缴款的，视为放弃。

跟投人员范围

城市公司的项目跟投人员包括强制跟投人员、自由跟投人员。

强制跟投人员：城市公司管理层及职能部门第一负责人；项目管理团队（包括片区负责人和项目负责人、项目销售主管、设计主管、运营主管、财务主管、成本主管、采购主管、工程主管、项目事务主管、客服主管）。

自由跟投人员：公司其余在册的正式员工，总部、各区域本部及兄弟公司员工，强制跟投人员在履行强制性跟投义务之后，也可在自愿性跟投的额度范围内继续跟投。

跟投额度及比例设置

跟投人员可跟投总额不超过项目资金峰值的 5%，盈达公司应按照员工跟投实际募集的资金等额跟投该项目；项目跟投资金占项目公司权益比例，按照实际投入资金占项目资金峰值的比例设定。

城市公司管理层及职能部门第一负责人不超过项目可跟投总额的 12%，项目管理团队与城市公司管理层及职能部门第一负责人合计不超过项目可跟投总额的 20%。

分配机制

一线公司可自行选择跟投项目资金是否由万科统筹安排，根据跟投项目是否资金统筹，使用不同的资金管理及分配机制。

（1）资金由万科统筹的跟投项目的资金管理及分配机制。

- 员工跟投资金进入项目公司后，由万科统筹安排，项目融资由万科负责。
- 如融资款项可置换股东投入，合管会可向集团试错委员会申请按权益比例置换归还员工跟投本金，如集团同意置换，则项目公司的销售回款由万科统筹使用。
- 项目实现销售后，项目资金在覆盖未归还的融资款及项目未来资金缺口后仍有富余的，可以申请继续归还员工跟投本金，但归还的本金在现金流回正前最高不得超过员工跟投全部本金的 80%。

（2）资金不需万科统筹的跟投项目的资金管理及分配机制。

- 员工跟投资金进入项目公司后，资金封闭运作，万科不负责项目融资，项目公司如申请融资，融资方案须经集团投融资例会审批，同意后报项目公司董事会审议决策，项目公司董事会中万科派遣董事至少有一人为集团指定。

- 如融资款项可置换股东投入，可向集团试错委员会申请按权益比例置换归还员工跟投本金。
- 项目实现销售后，项目公司的资金在覆盖未归还的融资款及项目未来资金缺口后仍有富余的，公司可申请将富余资金按股权比例分配给股东各方，报项目公司董事会批准后执行，但归还的员工跟投本金在现金流回正前最高不得超过员工跟投全部本金的80%。

（3）项目现金流回正后且实现结算利润后可以分红，具体由合伙人事务管理小组提出分配方案，由公司合管会审核，报集团试错委员会审批，审批同意后可以分红。

据统计，从2014年4月1日实施跟投制度到5月25日，万科已有19家公司的29个项目进行跟投。大多数项目员工踊跃认购，其中一些项目的认购率超过300%。截至2015年3月25日，万科共有4837人参与跟投，占全公司地产编制人员的68%。

万科董事会秘书谭华杰透露："从跟投实施情况来看，员工在加快项目周转、节约成本、促进销售等多方面越来越体现出合伙人的意识和作用，对提升项目、所在一线公司乃至公司整体经营业绩起到了非常积极的作用。"

在事业合伙人制度出台之前，万科进行了将近一年的考量，前后讨论了30多次。一线公司的项目跟投会存在"短期投机主义"倾向，比如可以筛选出一种有把握的、短期见效的项目跟投，或者做一些"利益输送"。跟投制度则规定，管理层对所有的项目都要跟投，这样就杜绝了此类问题。

另外，项目跟投的各种投机主义玩法，也会作用在万科股票上面，股价会为此埋单。持股计划相当于一个长期的评价机制，对项目跟投的长久利益做一个“协同上的平衡”。

万科将“共担”作为事业合伙人的核心机制。2015 年 6 月 27 日，万科集团发布公告称，同意万科物业引入事业合伙人机制。具体的做法是，由万科物业业务对应的境外或境内主体，面向万科物业员工参与设立的一个或多个持股主体增发 10% 的股份，其中 3.3% 的股份在 2015 年内分配给物业员工，剩余 6.7% 的股份暂不明确到个人名下，未来在满足设定的考核指标后，再转让给物业员工。

在万科物业内部，合伙人机制在 2015 年年初就悄然启动。与开发过程的项目跟投不同，万科物业针对自己的业务特点，采取了更有个性的做法：项目经理成为物业合伙人，投入一定的“风险保证金”，其所在的区域管理中心如果收益大于预期，则与公司共享收益；如果收益低于预期，则以缴纳的“风险保证金”与公司共担风险。共担的特征非常明显。

发展机制：生态系统，平台式架构

“无心插柳柳成荫”，尽管抱着了解互联网思维的目的走访了多家公司，但是这些公司最让郁亮印象深刻的却不是互联网本身，而是生态圈和平台思维。

传统时代，正如伟大的企业史学家钱德勒所描述的，企业战略导向是规模经济和范围经济，前者是企业做得越来越大，后者则是多元化。但在互联网时代，一切都发生了变化，互联网给世界带来的最大影响就是“零距离”，企业从封闭竞争走向开放合作，从一体化走向平台。

区别于过去封闭的经济模式，平台经济的核心就是开放，平台的逻辑是一个自演化的生态系统。所谓平台的框架，就是可以快速配置资源的生态圈。创新的边界已经超出了企业既有的边界。技术和市场的快速变化，要求企业走出内部创新的藩篱，主动进行开放式创新。

腾讯公司曾将自己的战略概括为："完善平台，搭建生态系统，为用户提供越来越独特的服务。"随着移动互联网的持续深入应用，腾讯在电子商务、O2O 服务、互联网金融、在线教育、医疗保健等垂直领域看到了更为广泛的生态系统空间。在并非自己专长的领域，腾讯更多采用开放式平台战略。在走访腾讯的过程中，听完马化腾的演讲之后，郁亮就表示要"学习腾讯，建立生态系统，自己革自己的命"。

从开发商到平台运营商

小米、阿里巴巴、海尔也都有类似的战略构想。在走访完这些公司之后，万科高管团队对平台式架构有了新的认识。他们发现，现在的万科是最适合做平台式架构的公司，"白银时代"的房企将从开发商向平台运营商的角色进行转换，因为平台才是最符合互联网时代商业逻辑的形式。在超大规模的行业中，万科也是具有最优良合伙人制度基因的企业之一。

沿着事业合伙人的思想，万科对事业合伙人规划了 2.0、3.0 甚至 4.0 版本，比如未来能否将项目跟投扩大化，将产业链上下游也变成合作伙伴，这相当于将产业链的利益相关者也发展为事业合伙人，从一家公司出发，作为平台进行内部创新，创新的最终结局是重构一个生态体系。

郁亮曾经这样设想："我希望打造的是一套关于房地产的生态系统，其中包括'草地''森林'和'大树'，以往我们关注的业绩可能只是集中在'大树'这个层面，至多是'森林'。而我希望万科依靠建立起来的生态系统各司其职。"

很快就有城市公司进行了尝试。万科在嘉兴做了实验，让总包单位加入进来。当时项目面临一个挑战：竞争对手要提前一个月卖房子，万科的项目要晚一个月，形势非常不妙。原来的做法是花一笔钱，给总包单位让它加班赶工，最后算账的时候可能发现赚的钱基本上等于多支出的赶工费用。但后来跟总包协调，因为总包是合伙人，它会安排最好的人手加班赶工，最后万科比对手早卖掉房子，早拿到钱。

事业合伙人 2.0：小草计划

2013 年 7 月，在深入分析行业发展趋势的基础上，万科进一步明确了和城市共同发展的战略，郁亮首次谈及万科未来将转型"城市配套服务商"。同年 12 月末，万科提出"5S 服务"的概念，围绕居住、购物、度假、办公、文化五大方面，从"房屋建造销售商"转型"城市配套服务商"。究其原因在于当房地产开发投资速度放缓，万科预判房地产发展未来 10 年的住宅需求保持稳定甚至有萎缩可能之时，万科调整战略从住宅开发商向城市配套服务商转变，并进入商业地产、养老地产等主题地产发展。

基于"城市配套服务商"的发展定位，借助互联网的力量，如今万科的社区配套服务升级为 2.0 时代从"三好"（好房子、好服务、好社区）升级到"四有"（有健康、有文化、有参与、有爱），比如北京万科 V-LINK 的打造。而其集团曾称，未来 3 年，北京、上海、深圳、武汉、宁波、重庆等地的近 20 个新项目也将陆续进入运营期，购物中心还将根据社区的规模进行体量适配调整，小至社区型，大至区域型，全面提升社区商业配套服务。很显然，事业合伙人机制的搭建，将有助于这一战略的实现。

在一次与《21 世纪经济报道》记者的交流中，郁亮曾有个“儿子靠不住，女婿才靠谱”的说法。儿子靠不住的原因是没法换，女婿靠谱的主要机制是靠两条：第一个选出来的；第二个是可以换。很多新业务，儿子不喜欢干没问题，女婿（外部合伙人）来干。内部人想创业，首先是扫地出门，儿子变成女婿。公司给予其机制，成功之后其可获得应有的收益。

2015 年 4 月 15 日，万科内部发文《万科集团内部创业管理办法》，鼓励司龄超过 2 年的内部员工创业。员工创业需符合城市配套服务商的定位，有益于万科生态系统，轻资产、技术类、服务类项目优先。万科将为创业员工提供数额不等的资金，作为项目入股，单项目万科出资额不超过 3000 万元，累计出资额不超过 3 亿元，此外万科还将提供合作方、专家等资源支持。

《万科集团内部创业管理办法》指出，创业员工需辞职创业，并且不能在创业中使用万科品牌。但离职员工可保留离职前的经济利润奖金（EP）积分，两年内创业员工可选择回归万科。

就在《万科集团内部创业管理办法》推出不久，2015 年 7 月，上海万科产品管理部撤销，该部门所有员工都将成为万科外部事业合伙人。他们将在上海区域总规划师的带领下，于万科体系之外创立一家新的设计公司，未来的设计将实现整体外包给合伙人创立的这家新的设计公司。该公司股权结构为：万科 40%，外部合伙人 60%。

管理机制：扁平化，去中心化

作为一种“管理机制”的事业合伙人，旨在破除几乎所有大企业都有的两大典型症状：层级臃肿、部门间壁垒森严。

首先是传统金字塔架构下，层级的不断增加。郁亮曾举了一个身边的例子：一位主管插着裤兜监督三位清洁工打扫卫生，这位主管可能拿着比三位清洁工加起来还多的工资，但仅仅是履行监督的职责。再往上，可能每三个主管就会有一个经理在监督他们工作。

其次是边界清晰、责任分明导致的“各扫门前雪”。房地产企业有工程部、销售部等部门，但它们往往有着天然的本位主义倾向。比如营销部销售时，就不管项目部是否可以及时供货，是否可以把项目户型、装修等方面做好，因为这些不是它部门的事，营销部的事情就是把楼卖好；与此同时，项目部在做事时，它也不管项目到底卖得好不好。所以难免会出现一大堆问题，比如在样板房开放的节点上，项目建设那边却老是推延，看楼路线、体验区、展示区跟不上。

建立“背靠背的信任”

郁亮发现，阿里巴巴、腾讯、小米这样的互联网企业，看似管理混乱，但效率很高。在传统企业里面，讲究的是边界清晰、权责分明、责任到位，但这些企业的做法完全不同。其中小米通过不同部门的相互投资渗透，形成了背靠背的信任。例如，做电源的部门也投资了小米电视盒子的项目，所以电源部门就会非常关心这个电视项目，主动为这个项目做配合性的工作。

因此，郁亮思考有没有可能建立一种机制，让三位清洁工之间有一种背靠背的信任，可以彼此充分协作来完成工作，不需要插裤兜的主管，然后这位主管的收入一半留给清洁工，一半给公司。

最终，他从自己登山的体验中得到启发，必须建立真正的“我中有你，你中有我”的机制，来形成背靠背的信任。“登山时，每个登山者轮流往上攀登，前一个人打好钉子，挂好绳子，确认结实牢靠了，下一个人再在此基础上往上攀登，继续打钉、挂绳。如果钉子不牢靠，一定是自己先掉下去，这就是一种背靠背的信任，因为我知道我的队友是在拿自己的生命做试验，如果让一个人来指挥别人打钉、挂绳，就完全没有背靠背的信任可言。同样，我们的信任不只是存在于员工和员工之间，也需要存在于公司和员工之间，我们没必要建立那么多的监察、监督机制，我们需要用事业合伙人的机制给我们建立背靠背的信任。”

通过建立起背靠背的信任，上述大企业病的两大症状就可以迎刃而解。

在组织架构上，万科以扁平化取代传统的金字塔式架构。互联网时代最大的特点就是信息透明，这使得传统架构中主要负责信息传递的管理岗位不复存在；另外，事业合伙人机制的实施，也使得通过设置主管来实现管理和监控的需求大大减少。扁平化的架构既提高了工作效率，也让组织更加贴近市场和客户。

2015年年初，万科再次对组织架构进行调整。郁亮以“瘦脸”来形容万科对总部精简的过程，“万科会将金字塔压扁变成扁平化的架构，在原来的金字塔构架下，信息传递会失真，事业合伙人制就是一种扁平化管理。”

在日常管理上，由于大部分的重要工作都涉及跨部门的协作，因此万科以“事件合伙人”的机制，来破解部门间的壁垒。比如节约成本这项工作，就通过临时组织事件合伙人的方式，推动工作任务的开展。在这一过程中，以前都是职位最高的人担任组长，现在则是由最有发言权的人来做组长。这样则进一步打破了传统架构中依靠层级和权力来开展工作的习惯。

掌握自己的命运

毋庸讳言，除了以上内容，万科管理层同时也希望通过事业合伙人机制牢牢掌握公司和自己的命运。

在 2014 年 3 月的万科工作会议上，回顾完“君万之争”的历史后，郁亮又拿出了一本《门口的野蛮人》。此书详细记录了“20 世纪最著名的恶意收购”。“门口的野蛮人”杠杆收购之王 KKR 只用了不到 20 亿美元现金，就撬动了 250 亿美元，控制了雷诺兹纳贝斯克烟草公司，并最终将其分拆。

2014 年万科股价从 2007 年的 40 元一路跌到 10 元左右的历史低点，一度低于公司 2013 年年末的每股净资产，而且年末账面还有超过 440 亿元的现金。这让万科暴露在众多“野蛮人”的面前，只需要 200 亿元，就可以获得万科的控制权。

另外，万科是一家股权高度分散的公司。第一大股东华润的持股比例也只有 15%。华润入股万科以来，一直以纯财务投资者的身份出现，对万科内部具体业务从未干涉过。第二大股东刘元生持股 1.2%，而包括王石、郁亮等高管在内的管理层持股总数，也不及刘元生。

万科管理层时时面对外部的威胁：股权的高度分散导致公司极

易被举牌或被恶意收购。20 年前，“君万之争”差点让万科管理层卷了铺盖；20 年后，万科股价处于历史低点之时，“野蛮人”的敲门声再次响起。“君万之争”时，时任万科财务部经理的郁亮经历了整个惊心动魄的过程。这一次，郁亮提出事业合伙人计划，以“自己掌握自己的命运”。

君万之争

20 年前的万科股份也是高度分散的，当时排名靠前的股东的股份概况如下：深圳市新一代实业有限公司持有 6.2%，香港俊山投资有限公司和创益有限公司投资占 3.43%，深圳市投资管理公司占 2%，海南省证券有限公司占 1.1%。

1994 年 3 月 28 日，深圳市新一代实业有限公司（以下简称新一代）等 4 家万科主要股东授权君安证券有限公司作为财务顾问。3 月 29 日，万科召开第四届董事会第六次会议，新一代、海南省证券有限公司（以下简称海南证券）、中国新技术创业投资公司等到会，新一代等提出对万科现行经营状况做调整，董事会形成共识。

3 月 30 日 10：30，君安证券总经理张国庆和副总张汉生会见王石，表示君安证券准备给万科的管理层提些意见，将以《告万科全体股东书》的形式在次日的《深圳特区报》上刊登，建议改组董事会。

3 月 30 日 15：00，君安代表新一代、海南省证券公司、香港俊山投资有限公司和创益有限公司（4 家共持万科股份占其总股本的 10.73％）召开新闻发布会，向万科全体股东倡议：对万科产业结构及董事会做重大改组。君安称此行动已事先上报深圳证券主管机关及万科董事会。

在君安介绍情况后，万科公司董事长兼总经理王石应记者要求发表了意见。会议结束时，万科董事会秘书郁亮当众宣读新一代公司的声明：新一代不参与君安此次活动。

1994 年 3 月 31 日上午，万科在位于深圳罗湖区水贝工业区的公司总部举行情况说明会。郁亮宣读了新一代公司负责人张西甫授权王石代表新一代公司的声明，称君安以“新一代”的名义在新闻发布会上公布《告股东书》和《改革倡议书》是不对的，并宣布取消君安财务顾问资格。同日，王石向深交所申请停牌，并获得批准——这是中国股市的第一次停牌，万科通过停牌赢得时间。

4 月 1 日，新一代正式召开新闻发布会。张西甫宣布委托王石为“新一代”本次新闻发布会全权发言人。郁亮和君安常务副总张汉生都寻求海南证券 1.1% 的支持，最终海南证券保持中立，但最终明确：君安不得再借用海南证券的名义反对万科。

4 月 1 日下午，王石寻求深圳市投资管理公司的支持。君安也同时开展游说工作。最终结果是深圳市投资管理公司弃权。此时对万科来讲，弃权就是支持。

4 月 2 日，万科再次发布公告：“（万科）董事会认为没有必要对此种建议（君安倡议）做出正式反应。”但公告仍称，“董事会认为该事件极为严重，并希望向股东和公众保证如下：①董事会至今未收到收购本公司的要约。②本公司有稳定的、强有力的管理阶层。③‘新一代’‘海南证券’‘中创’对公司目前管理阶层表示支持。④本公司和附属公司的业务一直是令人满意的。董事会对君安证券有限公司今次行动表示失望……”

4 月 2 日，万科股票继续停牌。君安的股票操作计划落空。4 月 4 日，万科在深交所复牌，股价恢复正常。4 月 4 日上午，深交所约谈王石和张国庆，“君万之争”告一段落。

在具体做法上，则如前文所介绍的，设计不同层级的合伙人制度，从而牢牢地掌握公司的命运。

2014 年 5 月 28 日，盈安合伙在二级市场以约 3 亿元购买 35 839 231 股万科 A，占万科总股本的 0.33%。5 月 29 日，盈安合伙再次购入公司 A 股股份 2318.81 万股，占公司总股本的 0.21%。截至 2015 年 1 月 27 日，通过 11 次买入，盈安合伙持股已经达到 4.48%，成为公司单一第二大股东。这是 2000 年以来万科股权结构的剧烈变化，改变了此前公司管理层持股甚微的局面。项目跟投制度也得到顺利推进，截至 2015 年 3 月 25 日，万科共有 4837 人参与跟投，占全公司地产编制人员的 68%。

人才是万科唯一的资本

万科对人才的定义也经历了三个阶段。

在发展之初，资本稀缺，王石提出“人才是万科的资本”，吸引了很多优秀人才。当时万科就有一句话：“人才是一条理性的河流，哪里有谷地，就向哪里汇聚。”

上市之后，获取资本变得容易起来，万科发现人才比货币资本更重要。这时万科的理念进行了调整：人才是万科的第一资本。同时，万科启动了职业经理人制度。

互联网时代，资源的获取变得更加容易，万科对人才理念再度进行调整：人才是万科唯一的资本。郁亮在致员工的信中充满激情地展望万科的未来：

在知识经济时代，知识资本将取代实物资本，成为最活跃的经济资源。如何用全新的合约安排，激发知识资本的创造力？这是这个时代最重要的课题。在这个课题中，蕴涵着孕育新一代伟大企业的土壤……

对于万科来说，这是一个巨大的机会，抓住这个机会，我们就有可能实现由卓越企业向伟大企业的飞跃。只有那些率先顺应时代变迁，实现商业模式的重大创新，在人类商业史上留下自身深刻印记的企业，才是真正的伟大企业。

……现在，我们可以更进一步提出，为人才提供舞台是万科存在的意义。万科的核心价值，不是财务报表上的一串数字，不是一堆土地和在建工程，而是一群人、一种文化和一组正不断完善着的合约安排。

结束语：在试错中前行

万科的事业合伙人是一场理想主义者的冒险。

尽管合伙人机制已经非常普遍，但对万科而言，要在股份有限公司性质、重资产、2000 亿元规模的背景下实行类合伙人机制，难度可想而知。

这项被称为万科 10 年来最重大的变革收获的并非全是喝彩，也面临着来自内部和外部的诸多质疑。万科将互联网思维中的“快速迭代”运用得炉火纯青。为了更好地推进事业合伙人机制，万科成立了“试错工作小组”，成员包括总裁郁亮，执行副总裁王文金、张旭、陈玮，在总部办公的高管以及各专业部门人士。

万科坚信，可验证、可复制的制度创新，肯定源自一线试错。事业合伙人机制不是已经定型的完成时，而是刚刚开始的将来时。这个探索过程的关键，不是几个核心成员闭门造车的纸上设计，而是全体万科人在实践中的不断尝试和迭代更新。

02

第 2 章

巴菲特：经理人要做好投资者的管家

ENTERPRISE PARTNER

|引言| 自从经营层与投资者分开之后，如何让经营层的利益与投资者的利益保持一致，就成为公司治理的核心问题之一。股票期权被认为是解决这一问题的灵丹，得到广泛的应用。然而美国企业多年的实践证明，这只是人们的一厢情愿。

巴菲特对此有着惊人的洞察。他认为名目繁多的股票期权计划，不仅没有促成经理人与股东的利益一致，反而导致了经营层与投资者利益间更深层次的分歧。

可口可乐期权“事件”

2014 年，因可口可乐高管期权激励一事，巴菲特受到更多的关注。

巴菲特旗下的伯克希尔 – 哈撒韦公司是可口可乐公司的最大股东，持股比例近 10%。2014 年 4 月 23 日，“股神”沃伦 · 巴菲特接受美国多家财经媒体的采访，其中谈到可口可乐公司提出的管理层股权激励计划，巴菲特出人意料地表达了对这一计划的反对态度，表示该计划的规模“过度”。但他最终权衡利弊，却选择了在可口可乐的股东大会上就这一决议投了弃权票。

随即，巴菲特的行为遭到批评。董事会或大股东需要平衡管理层和股东的权益，他们必须在需要的时候对管理层说“不”。美国律师斯图尔特·格兰特（Stuart Grant）在接受CNBC财经电视台采访时，公开指责巴菲特的这一做法是不负责任的。格兰特认为，巴菲特作为对公司决策有着举足轻重地位的大股东，在对公司具体计划有明确态度的情况下，却投了弃权票，这是未能尽到大股东义务的行为。

从年度业绩表现来看，2011～2013年，可口可乐公司的业绩经历了“过山车”。2013年全年的净利润几乎和2011年持平。与此同时，可口可乐的股价表现也不尽如人意，2014年以来，其股价从年初的每股43美元，曾经一度下跌至37美元的低谷。

可口可乐公司首席执行官穆泰康（Muhtar Kent）在2013年不得不接受幅度高达33%的减薪，即便如此，2013年他还是获得了高达2000万美元的薪酬。

2014年2月，可口可乐薪酬委员会向董事会提出一项期权激励计划，并宣称这一计划的目的是为了将职工、高管和董事会成员的个人权益与公司股东的权益结合起来。该计划将留存5亿股用于激励。

当时可口可乐流通股共44亿股。早在2014年的股权激励计划之前，从2012年至2013年，可口可乐公司还先后发放了6000万、6300万和7300万股用于股权激励。按照可口可乐当时近1800亿美元的市值粗略计算，发放全部股权激励计划后，股价将为每股34美元左右，将稀释约13%（当时的股价约为40美元）。

在业绩面临诸多挑战之际，可口可乐公司选择对管理层发放“慷慨的”股权激励，遭到了股东的反对。很多股东认为，这是董事会变相将公司权益转移给管理层，计划执行后对股价造成的稀释，将会对股东权益带来严重影响。

尽管这一计划备受争议，但最终却获得通过。可口可乐公司在计划通过后发表声明称，该计划是依据管理层“业绩表现”来决定的，是公司“业绩决定回报”哲学的体现，是“公平和竞争性”的，同时与股东的利益“相一致”。

迫于巴菲特和其他投资者的压力，2014 年 10 月初，可口可乐称，在与股东进行磋商后，将对其高管激励计划做出更改，其结果是该公司向员工授予的股权奖励和期权将会减少。可口可乐公司表示，已经为其 2014 年股权计划采用了新的指导方针，此举可帮助该公司在谁将获得可口可乐的股权以及获得多少股权的问题上“提供重大的灵活度”。

可口可乐公司首席执行官穆泰康表示，根据新的激励计划，可口可乐将“加强‘按业绩表现支付薪酬’的方法”，来为公司员工和高管发放薪酬。可口可乐公司表示，这项新计划将把重点放在绩效股上，而较少放在期权上。在第一年过后，股权奖励中将有大约 2/3 是绩效股，其余的 1/3 则是期权。

对巴菲特的猛烈抨击事出有因。关于股票期权这种流行的做法，巴菲特在伯克希尔公司年报的致股东的信中多次谈及，观点也一向旗帜鲜明。他坚决反对依赖股票期权的薪酬计划，甚至认为股票期权就是一种浪费，对该公司高管来说形同“彩票”，而且经常会为其带来巨额收入。

期权的洪流与隐患

真正的股票期权激励始于20世纪70年代末的美国。1974年，美国通过的《职工退休收入保障法》，首次明确了员工持股（Employee Stock Ownership Plans，ESOP）的合法地位。之后的八九十年代，管理层股权激励得到了迅速发展。

现代公司中所有权和经营权的分离，为经营者在企业的经营活动中替自己谋私利提供了可能。为了避免委托代理过程中道德风险的产生，薪酬激励成为公司治理机制中的重要组成部分。在好的公司治理结构中，必然有精心设计的激励机制，用以协调所有者和经营者之间的矛盾，使二者的利益趋向一致。以股票期权为主体的薪酬制度被视为解决这一问题的良方，得到了广泛的应用。有统计资料显示，超过90%的全球五百强企业采取了股票期权报酬制度。但是，股票期权激励很快也暴露出巨大的缺点。

高管与员工收入的差距惊人

美国有一项调查发现，即使在2007～2008年金融危机的时候，高管的平均薪酬仍高达1100万美元左右。这是在当年美国股市下跌30%的背景下，在广大股东承受高额损失的时候出现的。

根据华盛顿智库经济政策研究所所做的一项研究，在美国营收排名前350的公司中，2012年CEO的平均薪酬，包括年薪和行使的股票期权的价值，为1410万美元，相比2011年上升了13%，自2009年以来增长了37%。

从长期来看，CEO薪酬的增长数字更加触目惊心——根据经济政策研究所的数据，从1978年到2012年，排除了通货膨胀因素之后，CEO 们的薪酬增幅超过了 875%，相比之下，职工薪酬在同一时期仅增长了 5.7%。把股票期权的价值计算在内的话，1965 年 CEO 与职工的薪酬比为 18 : 1，2012 年这个比例为 201 : 1。

有研究把美国高管的平均薪酬和普通工人的平均薪酬做了一个比较。这个比例在 1966 年的时候，大概是 25 ~ 30 倍。在 1980 年的时候，这个比例已经上升到了 40 倍左右，到了 1990 年基本到了 100 倍。此后，这个比例变得完全失控，在 2000 年互联网泡沫最高峰的时候，这个数字达到了 525 倍。随着互联网泡沫的破裂，这个比例得到了一定程度的修正。但即便如此，到 2007 ~ 2008 年金融危机的时候，这个比例仍然在 350 倍左右。

美国证券交易委员会（SEC）的报告显示，微软 CEO 萨蒂亚 · 纳德拉（Satya Nadella）2014 年的总薪酬水平已经高达约 8430.88 万美元，其中股票奖励为 7977.71 万美元，占其总薪酬的 95%。互联网新贵推特（Twitter）首席财务官（CFO）迈克 · 古普塔（Mike Gupta）2013 年的基本年薪不过是 25 万美元，但其股票期权则为他带来 2440 万美元的收入；总顾问维杰亚 · 加德（Vijaya Gadde）薪酬为 1510 万美元，其中 1490 万美元为股票奖励，占其总薪酬的 98%。股票期权制度不可避免地造成了各利益集团矛盾的激化。

掩盖了利润的真实情况

直到 2005 年之前，根据美国公认会计准则（GAAP）规定，年薪、奖金和退休福利必须作为费用予以确认，而最具价值的股票期权却不必作为费用确认，只需在报表附注中披露。股票期权成本并未充分反映在企业利润表中，因此企业利润的真实情况被扭曲了。

由于2001年以来股票期权引发的众多争议和丑闻，美国财务会计准则委员会（FASB）已原则上同意将股票期权列为公司的成本。按照新要求，很多公司的盈利额都会因此而改变。根据市场研究公司CS First Boston的调查显示，在标准普尔500指数的公司中，根据新标准，至少有52家去年的盈利会减少25%，而包括苹果、仁科和雅虎等在内的产业巨头都名列其中。Bear Stearns研究公司发布的数字则表明，按照新规定，标准普尔500公司2003年的赢利将下降8%，纳斯达克指数100家公司的盈利会降低44%。

经济学家认为公司向员工发放股票期权和向员工发放工资奖金一样，实际上都是公司利益向员工的转移，只不过前者是以未来低价向员工出售股票的方式转移利益，后者是以直接发放现金的方式转移利润。因为不论公司是到二级市场上购买相应的股票，还是通过发行新股来满足股权执行的需要，公司都将发生成本。这种股票期权下的利益转移实际上给公司增加了成本，所以应作为费用在利润表中确认。但是以采用大量股权激励的高科技企业为代表的反对方认为，股票期权没有导致负债的发生，也没有减少所有者权益，在多数情况下也没有发生现金的外流，所以不能作为费用化处理。他们认为核算股票期权的薪酬费用将降低公司财务报告中的盈利指标，导致股票价格下挫，从而使管理层持有的股票期权贬值甚至一文不值，这显然与股票期权报酬计划的目的背道而驰。

2005年，美国证券交易委员会（SEC）支持了美国财务会计准则委员会（FASB）股票期权计入会计成本的会计准则，正式公布了将员工股票期权作为营业费用处理的指导方针。从2005年6月15日起，美国上市公司给予公司高管及员工的股票期权将一律纳入会计费用项目。

期权会导致股东与经营层利益间更深层次的分歧

在巴菲特看来，用公司股票期权奖励主管人员来协调管理部门的利益与股东的利益的方案不仅被过分吹捧，而且巧妙地掩饰了由期权创造的两者利益间更深层次的分歧。伯克希尔及其子公司将这种报酬激励方式排除在企业管理机制之外，主要是巴菲特认为不加限制地使用股票期权存在着诸多缺陷。

（1）许多公司授予主管人员期权是基于在其任职期内公司收益的提高，但这一做法忽略了留存收益的价值。

巴菲特认为，单纯的公司收益的提高，有可能是由于随着股东投入公司资本的增长，收益自然同步增长。这如同把你存在储蓄账户中的钱增加 3 倍，那么你的收益也增加 3 倍；也有可能是将原本属于股东的红利留存下来，才产生收益的增长。这类似于存款存在复利，只要把每年的利息用于再投资，同样就能取得收益的不断增长。

如同一个可以把利息再投资的储蓄账户，可以同样取得收益的年复一年的增长，而且，只要有 8% 的复利，账户的年收益就可以在 18 年中增长 3 倍。但实际上，公司的资本回报率可能平淡无奇，甚至不会超过股票市场的平均资本回报率，它们的价值提高仅仅是因为管理人员留存了收益，而非管理人员有效运用了手中的资产。因此，这一情况下的股票期权计划，忽略了留存收益会自动产生价值，分享了资金的递延收益，无异于剥夺了本该属于股东的利益。

以十年固定价格的股票期权[㊀]为例。假设停滞公司（Stagnant）的CEO无用先生（Fred Futile）接受了这样一批期权，比如给予他相当于公司1%的股票期权，那么，他获取个人利益的方法就会显而易见——他肯定不会支付任何红利，而是保留公司所有收益来回购股票，从而推动股价上涨。

假设在无用先生的领导下，停滞公司恰如其名没有什么增长，在发行期权后的10年间，公司每年在100亿美元的净资产价值基础上盈利10亿美元，相当于所发行的全部股票每股盈利10美元。无用先生拒绝向股东派发红利，用全部收益来回购股票。如果股价一直保持10倍市盈率的水平，那么在期权到期之日股价将增值158%[㊁]。这是因为持续回购使股份减少到3 870万股，每股收益将因此提高到25.80美元/股。通过将股东收益全部保留不做分配，无用先生就能获得1.58亿美元的巨

㊀ 这里是指一个公司授予其员工在一定的期限内（如10年），按照固定的期权价格购买一定份额的公司股票的权利。

㊁ 每股股价/每股收益=市盈率，因此每股股价=100美元
净资产/股数=每股价格，因此第一年股数=1亿股
无用先生获得1亿股 ×1%=100万股股票。
第一年用10亿美元盈利，全部回收股票，能够回收1000万股，回购后剩余股数9000万股，股价调整为100亿美元/9000万股=（10/9）×100
第二年用10亿美元盈利，全部回收股票，能够回收10亿美元/[(10/9)×100]=900万股
回购后的股票价格调整为100亿美元/（9000万股–900万股）=（10/9）^{2}×100
……
依次类推，股价将在第10年时候，调整为（10/9）^{9}×100≈258（美元）。因此，股价增值了158%
股数将在第10年的时候，调整为：1亿股–10/[(10/9)^0×100] + 10/[(10/9)^1×100] + 10/[(10/9)^2×100] + 10/[(10/9)^3×100] + ……+ 10/[(10/9)^8×100]≈3870万股，因此每股收益=100亿美元/3870万股=25.8美元
因此无用先生的100万股的股票期权，到时候有100万股 ×（258美元–100美元）=1.58亿美元

额财富，尽管公司业务没有任何增长。更令人吃惊的是，即使停滞公司的收益在这10年间下降了20%，无用先生仍然可以赚到1亿美元以上。

通过不分配红利而将留存收益投资到各种令人失望的项目和并购上，无用先生仍然会获得巨大的报酬，即使这些投资只能取得微不足道的5%的收益率，无用先生个人仍然能有大笔金钱进账。具体来说，在停滞公司的市盈率10年间保持不变的情况下，无用先生的期权会让他赚到630万美元。

与此同时，所有股东会开始怀疑，当时公司实施股权激励计划向无用先生授予期权时，声称股权激励能够使高管和股东结成“利益同盟”，可是结果怎么是不管公司业绩如何，CEO都能大赚一笔呢？这究竟是怎么回事？

一种“正常”的红利政策，比如将收益的1/3派发红利，虽然不会导致如此极端的结果出现，但仍然会让那些根本没有任何成就的经理人获得极其丰厚的报酬。

（2）除了忽略留存收益的价值，股票期权计划还忽略了资金的置存成本。

增长的收益掩盖了企业资本回报平平的真相。股东若将资金进行其他渠道的投资，有可能获得高于企业资本收益率的回报，资金持有成本因此产生。另外，资金的管理成本同样不可忽视。所以股票期权制度，无疑是在用华丽的业绩数据掩盖被蚕食的股东利益。

（3）期权一旦授予，只要经理人员还留在公司，便不可撤销，而且是无偿的，经理人员在今后的任职期内无论创造什么样的业绩，都能同样地获得该期权。

在一般情况下，给予经理人员期权的价格是相当低的，只要在期权到期日，公司股票的市场价值高于期权价格，经理人员则自动获得原本属于所有者的额外收益，而且大部分情况下，这是一笔巨额收益。若公司股票出现大幅下跌，低于期权价格，他们则可以选择放弃自动获取期权。作为企业所有者，还需衡量市场价格的上涨潜力和下跌风险，而作为期权所有者，他们无须承担任何下跌的风险。所以，这对于经理人员是一项毫无风险的博弈。在不存在获得期权的先决条件的情况下，股票期权对经理人员的激励作用就大大降低了，这与期权计划的初衷就产生了严重背离。

在大部分情况下，期权价值仅仅根据公司留存的收益增加，而不是更高效地运用资本。正如巴菲特揭示的那样，仅凭留存收益并将其用来再投资，管理人员就可以报告年度收益增长，而一点都不必提高资本的真正回报。因此，股票期权常常会剥夺股东的财富，并将这些战利品分配给管理人员。而且，一经授予，股票期权就常常是不可撤销的、无条件的，并且在与个人业绩无关的情况下使管理人员得益。

因此，巴菲特认为，期权有点像免费彩票，往往给高管人员带来巨额收益，但与他们的真实贡献毫无关系。另外，真正的激励应该是收益共享、风险共担的，但期权使得管理层能够在股票价格高企的时候获得巨额回报，却无须承担任何下跌的风险。

由于高级管理人员大部分的收入靠股票激励，反而导致他们以股票市场价格为指南针，通过财务造假，刺激股票在二级市场上的表现，从而通过行权，获得高额收入。2001 年爆发的安然公司丑闻便是典型。利用业绩上的造假，安然的高管层不断行使他们的股票期权。仅 2000 年，董事长肯尼斯 · 莱就获得了 1 亿多美元的收入，首席执行官杰弗里 · 斯基林也入账 6250 万美元。安然公司在 2001

年 12 月 2 日申请破产保护的前一年时间里，公司向其 114 位高管人员发放了约 7.44 亿美元的现金和股票。

到底有没有必要给公司高管提供丰厚的奖励呢？目前从学术和政策研究的角度来说并没有一个明确的答案。支持者认为，拿到高薪的高管与那些薪酬相对比较低的高管相比，确实能给公司股票带来短期内更好的表现。但是也有另外的研究发现，比较好的股票表现只是一个短期现象。如果考虑股票的长期表现，实际上拿高薪的高管和薪酬比较低的高管，他们所管理公司的股票长期表现相差不大。之所以拿高薪的高管所管理的公司股票短期表现比较好，就是因为这些高管在短期内有非常强的动力去做高公司的股价，以使自己获得更高的收益。从这个角度来说，高薪只达到了激励高管的目的，而没有真正把高管的目标和投资者的长期目标很好地结合在一起。

巴菲特并没有全盘否定股票期权

尽管存在一些缺陷，但巴菲特并没有全盘否定股票期权制度的可行性。在他看来，在一定的条件下，使用该激励制度仍有可能非常合理。

（1）股票期权必然应当与公司的总体表现挂钩。

逻辑上，股票期权只能授予那些对公司经营负有全部责任的经理人。而对公司部分负责的经理们应当获得的是与他们成果相关的激励。所以对经理人员业绩的评价应限于他们的职责范围之内，根据他职责范围内的表现确定其报酬。

（2）期权应当精心设计。

董事会在确定期权计划时，应当将递延收益和资金的置存成本考虑到其中。同样重要的是，股票期权应当按照企业的真正内部价值定价，获得期权的经理人员只有通过自身努力，使企业内部价值在期权到期日前实现增长，才能在日后某一时间当企业股票价格回归到企业内部价值时，获得额外的资本回报。

（3）如果企业内部有良好的激励文化和所有者导向文化，期权计划也可取。

经营层团队的正直和所有者导向为员工树立了良好的榜样，获得期权激励的管理者和员工能够像所有者那样思考，站在企业所有者立场上自觉为企业价值的增长努力工作。在这样的企业文化之下，期权激励计划是一个双赢的博弈。

“经理人的堕落”

因为股票期权的存在，在股市大繁荣（大泡沫）时代，经理人的收入往往能够暴涨。巴菲特认为，正因为如此，经理人的责任感与管家心态开始堕落，随着股票价格的上涨，经理人的行为水准直线下降。这其中不乏贪财之徒，利用职权和管理的漏洞，篡改业绩数据，设定对自己有利的期权方案，以平庸的业务绩效获取完全不匹配的收入。

“请给我股票期权！”

由于公司治理结构带来的天然缺陷，公司高管层进行某些操作的时候，往往处于一个信息优势的地位。20 世纪 90 年代，美国出现了一个比较普遍的现象：公司给高管提供期权的时候，往往会挑选一个比较“好”的时候。例如，公司往往会选择公司股价大跌之后，或者在好消息宣布之前，给公司的高管提供一个集中购入期权的机会。

这种有利于公司高管薪酬的追溯期权（option back-dating）[㊀]的问题曾经在美国非常普遍。其中比较有名的案例是，博科公司（Brocade）在 1999 ~ 2004 年互联网泡沫的过程中，使用了不正确的计价给公司高管提供了大量的股权激励。最后通过正确的计价之后，我们发现公司给高管提供的优惠期权，给股东带来了 7 亿美元的损失。

通过不完全统计，在美国可能一共有 3000 家左右的上市公司均采取过不同方式的重新计价来给高管发放期权。这种廉价股权几乎相当于给公司高管提供无偿的奖金奖励，所以高管往往可以轻易地套现公司的股票。这其实是公司高管利用公司治理的漏洞，来提高自己的薪酬。但由于这种薪酬几乎没有任何约束和限制，所以公司高管获得的高收入，是完全以股东权益的损失为代价的。

巴菲特对以上种种行为深恶痛绝。他曾经以一个故事调侃贪婪的经理人：在一场宴会上，有位美丽娇滴的女士溜到一位总裁的面前，用那性感的嘴唇说道："只要你想要，我愿意为你做任何事！"，只见这位总裁立刻毫不犹豫地回答说："那好，请给我更多的股票期权！"

㊀ 追溯期权也称为期权倒签，是指上市公司通常授予高管股票期权作为提高公司业绩表现和股价的激励机制，但许多上市公司管理层凭借操纵股票期权回溯日期，刻意挑选股价较低水平时作为期权授予日，而不是采用现阶段的合理估计数作为行权价，以扩大获利空间，所带来的差价利润通常是几千万到上亿美元。这种行为被称为"期权倒签"。

股票期权的倒签行为使得期权的价值得到提升，甚至掩盖了公司业绩的发展状况。即使公司的经营业绩下滑，管理层也能通过倒签行为为自己窃取高额报酬。

“别人的孩子也有一个”

巴菲特认为，在太多情况下，美国高管薪酬与经营业绩的不匹配程度到了非常可笑的地步。这其中，咨询顾问是罪魁祸首之一。首席执行官胃口越来越大的情况在20世纪90年代迅速加剧，因为最贪婪的人获得的打包薪酬马上被复制到各个地方。这种贪婪传染病的带菌者通常是咨询顾问。

在为薪酬委员会提供建议的时候，咨询师们递交上来的报告中那些经过精心挑选的、用来与他们的客户进行对比的“伙伴”公司当前的薪酬信息，对薪酬的不合理增长推波助澜。尽管“其他的孩子都有一个”这样的说法非常孩子气，但咨询师们却分毫不差地采用了这个说法，只不过表达方式稍微婉转一些。

为管理层毫不起眼的平平业绩支付巨额的离职补偿、慷慨的额外补贴和超标的薪水，已经司空见惯，因为公司薪酬委员会已经成为数据比较的奴隶。搞定董事会的方法很简单，选择三名董事，当然并非随机选择，在董事会会议召开前几个小时，用薪酬支付永远逐步提高的统计数据对他们进行一番狂轰滥炸。如此这般，董事会就会把一大堆稀奇古怪的“糖果”撒向CEO们。当公司薪酬委员会采用类似的逻辑推理时，昨天已是非常过分的过度要求在今天看来只不过是底线而已。

在伯克希尔公司2005年年报当中，巴菲特特意编写了一个完整的故事，对经理人、咨询顾问等进行了毫不留情的嘲讽。

如何使投资收益最小化

对于伯克希尔和其他美国股票投资人来说，过去这些年来大把赚钱简直是轻而易举的。一个真正称得上长期的例子是，从1899年12月31日到1999年12月31日的100年间，道琼斯指数从66点上涨到11 497点。如此巨大的升幅只有一个十分简单的原因：20世纪，美国企业经营得非常出色，投资人借企业繁荣的东风赚得盆满钵满。目前美国企业经营状况良好，但如今的投资人由于受到了一系列的伤害，在相当大的程度上减少了他们本来能从投资中实现的收益。

要解释这一切是怎么回事，我们得从一个最基本的事实开始：除了一些无足轻重的情况例外（比如企业破产时企业的损失由债权人负担），在大多数情况下，所有者们从现在开始到世界末日（Judgment Day）期间所能获得的收益与他们所拥有的公司总体而言的收益相等。当然，通过聪明地买入和卖出，投资者A能够比投资者B获得更多的收益，但总体而言，A赚的正好相当于B赔的，总的收益还是那么多。当股票上涨时，所有的投资者都会感觉更有钱了，但一个股东要退出，前提必须是有新的股东加入接替他的位置。如果一个投资者高价卖出，另一个投资者必须高价买入。所有的股东作为一个整体而言，如果没有从天而降的金钱暴雨神话发生的话，根本不可能从公司那里得到比公司所创造的收益更多的财富。

实际上，由于摩擦成本（frictional costs）[㊀]的存在，股东获得的收益肯定少于公司的收益。我个人的看法是：这些成本如今正越来越高，将会导致股东们未来的收益水平要远远低于他们的历史收益水平。

为了弄清楚这些费用是如何飞涨起来的，你可以这样想象一下。美国所有的上市公司被一个美国家庭所拥有，而且将永远如此。我们称其为Gotrocks。对所得分红纳税之后，这个家庭的一代接一代依靠他们

㊀ 摩擦成本（frictional costs）是指因摩擦费用而造成的投资收益损伤，比如投资管理人为投资者提供的专业服务所获得的管理佣金等。

拥有的公司所获得的利润将变得更加富有。目前美国所有上市公司一年的收益约为 7 000 亿美元，这个家庭自然还得花费掉一些钱用于生活，但这个家庭所积蓄的那部分财富将会稳定地以复利不断地累积财富。在这个 Gotrocks 大家庭里，所有的人的财富都以同样的速度持续增长，一切都十分协调。

但让我们设想一下，几个伶牙俐齿的帮助者接近这个家庭，劝说每个家庭成员通过买入某一只股票和卖出另外一只股票来取得比其他家庭成员更好的投资业绩。这些帮助者十分热心地答应来处理这些交易，当然他们要收取一定的佣金。

Gotrocks 这个大家庭仍然包括美国所有的上市公司，这些交易只不过是重新安排哪些人持有哪些公司而已，因此，这个家庭每年的总体财富收益在减少。这些家庭成员交易的次数越多，他们从企业收益这个大饼中所分到份额就越少，那些作为经纪人的帮助者分到的份额却变得越多。这些作为经纪人的帮助者始终牢记的事实是：交易的活跃性是他们的朋友，因此他们总是想方设法提高客户交易的活跃性。

不久之后，大多数家庭成员意识到，在这种新的“打败我兄弟”（beat-my-brother）的游戏中，这些经纪人做得并不好，于是又来了另一批帮助者。第二批帮助者对每个家庭成员解释说，只靠成员们自己的努力是很难胜过其他家庭成员的，他们给出的解决办法是：“聘用经理人，就是我们，我们会做得非常专业。”第二批帮助者兼经理人继续使用第一批帮助者兼经纪人进行交易，这些经理人甚至提高了交易的活跃性以致那些经纪人的业务更加兴隆。总之，企业收益这张大饼的更大一块儿落入了这两批帮助者的私囊。

这个大家庭的失望与日俱增。每个家庭成员都聘用了专业人士，但这个家庭整体的财务状况却每况愈下，怎么办？答案是显而易见的——

要寻求更多的帮助。

第三批帮助者的身份是财务规划专家和机构咨询专家，他们正在仔细斟酌向 Gotrocks 这个大家庭提供关于选择经理人的建议，已经晕头晕脑的这个家庭对他们的协助自然非常欢迎。事到如今，这些家庭成员才明白，他们自己既不能选择合适的股票，也不能选择合适的选股人。有人就会产生疑问，为什么他们还想成功地选择合适的顾问呢？遗憾的是，Gotrocks 这个大家庭并没有产生类似的疑问，第三批帮助者兼顾问当然肯定不会向他们说明这个问题。

Gotrocks 这个大家庭现在要为这三批帮助者支付昂贵的费用，但他们却发现情况更加不妙，他们陷入了绝望之中。但就是最后的希望即将破灭之时，第四批帮助者，我们称其为超级帮助者（the hyper-Helpers）出现了。他们态度十分友好地向这个大家庭解释，他们至今无法得到理想结果的原因在于现有的三批帮助者（经纪人、经理人、顾问）的积极性没有被充分地调动起来，他们只不过是走过场而已。第四批人说："你们能指望这些行尸走肉做什么呢？"

新来的第四批帮助者提出了一个惊人的简单解决之道——支付更多的报酬。超级帮助者充满自信地断言：舍不得孩子套不着狼，为了真正做到超越其他家庭成员的投资业务，每个家庭成员必须付出更多的代价：在固定的佣金之外，因事而定支付巨额的临时性报酬。

这个家庭中比较敏锐的成员发现，第四批超级帮助者（hyper-Helpers）其实就是第二批帮助者兼经理人，只不过是穿上新的工作服，上面绣着吸引人的对冲基金（hedge fund）或私人股权投资公司（private equity）而已。可是第四批帮助者向这个大家庭信誓旦旦地说，工作服的变化非常重要，会赐予穿着者一种魔力，就像本来性格温和的 Clark Kent 换上超人（Superman）衣服之后就威力无比一样。这个家庭听信了他们的解释，决定全部付清他们的报酬。

这正是我们投资人今天的处境：如果投资人只是老老实实地躺在摇椅上休息的话，所有上市公司收益中一个创纪录的比例本来会全部装进他们的口袋里，而如今却落入了队伍日益庞大的帮助者们的口袋中。最近广为流行的盈利分配机制使这个家庭付出的代价更加昂贵，根据这种分配机制，由于帮助者的聪明或运气所取得的盈利，大部分归帮助者所有，而由于帮助者的无能或运气不好所发生的损失则全部由家庭成员承担，同时还得支付大笔的固定佣金。

大量的盈利分配安排与此类似，都是帮助者拿大头，而由 Gotrocks 这个家庭承担损失，而且还要为如此安排而享有的特权支付昂贵的费用，因此，我们也许将 Gotrocks 这个家庭的名字改为 Hadrocks 更为恰当。事实上，这个家庭中所有这样那样的摩擦成本大约要占到所有美国上市公司盈利的 20%，也就是说，支付给帮助者的负担，使美国股票投资者总体上只能得到所有上市公司收益的 80%，而如果他们静静地坐在家里休息而不听任何人的建议的话，就能稳稳得到 100%。

伯克希尔的管理之道

巴菲特秉持价值投资的理念，倡导以长期的思维来对待所有相关的合作伙伴。因此，在高管激励和股票期权方面，他的观点非常鲜明：股票期权是发给经理人的免费彩票。这样的安排往往与经理人的个人业绩无关，会导致大量的浪费，而且会导致经理人对于什么是他真正应该关注的领域完全迷失。

管理层：尽可能将奖金与个人真实贡献挂钩

在伯克希尔，巴菲特管理着超过40个规模很大的企业的首席执行官的薪酬和对他们的激励机制。巴菲特对自己在这个方面的表现颇为满意：花费了很少的时间，而且在公司近50年的历史上，没有一位首席执行官主动离开。在具体操作中，巴菲特秉持以下四条原则。

薪酬必须与经理人可控范围内的业务绩效相关

兼顾简单和公平，是巴菲特管理高管薪酬的基本原则。在制定薪酬的时候，伯克希尔喜欢提出丰厚报酬的承诺，但是一定要将经理人能够控制的领域内他们的付出与产生的结果直接联系起来。

在伯克希尔，使用一种奖励那些可以在自己的职责范围之内达到目标的激励机制。任何一个子公司的经理人员仅仅只会因为他在子公司的职责范围内的表现而获得奖励。

这样的表现将根据企业内在经济状况有不同的评价标准。在有的子公司，经理人员只是在享受前人创造的良好的经营环境所带来的出色业绩，而在有的子公司，经理人员却在复杂而艰难的环境中奋力拼搏，评价这两类子公司经理人员业绩的标准当然不能仅限于公司业绩，集团需要针对各个子公司的具体经济情况对经理人员制定具体的考核、报酬计划。并且这样的考核、报酬计划应将标准置于经理人员职责范围内真正应关心的地方，省去过于复杂或者无关紧要的考核标准。

在集团公司内，有些部门需要集团投入大量的资金，那么对这些部门经理人员的考核，不能单看他创造了多少收益，而是在剔除了增量资本费用和利息的基础之后，评价其对资金的使用效率。若经理人员能以高回报使用增量资本，就会得到奖励。

针对子公司单独进行评价

遵循上一条原则，对各个子公司的业绩评价是单独进行的。即便是规模较小的企业，只要是业绩表明经理人员表现出色，他也应该获得足够的奖励，甚至是比那些较大企业的经理获得的更多。至于年龄、资历在伯克希尔也不会成为影响激励机制的因素。

薪酬与公司的股价没有关系

在伯克希尔，发放绩效奖金的时候，从来不看伯克希尔的股票价值。无论伯克希尔股价是涨是跌或者是横盘，都不会影响对子公司经理人员的报酬。对子公司经理人员的评价应独立于伯克希尔的业绩之外进行。巴菲特和查理·芒格相信，好的单位绩效应该带来奖励，无论伯克希尔的股价是涨、是跌，还是盘整。类似地，他们认为，平均水平的绩效不应该带来特别的奖励，就算是公司的股价飙升也不行。

根据每股内在价值的增长进行激励

伯克希尔的长期经济目标是使伯克希尔公司每股股票内在价值的平均年增长率最大化。巴菲特不以规模来衡量伯克希尔的经济意义或表现，而以每股的增长来衡量。其业绩标准是以一个比标准普尔指数增长速度更快的速度增加公司的内在价值，并使用账面价值作为其近似值。无论伯克希尔最终业绩如何，查理·芒格和巴菲特都不会改变业绩标准。

假如一名CEO获得可于10年后兑现的期权，数量为100万股股票，当前的股票价格是100美元。如果股票价格每年上涨5%，10年后，股票价格上涨至163美元，该名CEO将从中获得6300万美元的收益。但是如果竞争对手的股票价格在同一时期每年上涨15%，显然，不应该允许这名CEO兑现期权，任何一个理性的董事会都不会同意为如此低下的长期绩效提供如此高额的奖励。这就是巴菲特为何选择与标准普尔指数增长速度进行比较的原因。

每股账面价值是理解如何评估公司股票价值的关键所在。巴菲特不会停留在比较公司盈余的年度增长率上，巴菲特需要了解公司怎样增加其每股收益。这种收益的测量方法至关重要，它揭示了每个股东持有公司多少价值。假设一家名为“巨额内在价值公司”（以下简称GIVE）拥有100万股已发行股票，上一年度盈利500万美元。为了计算公司的每股收益，你只需要将盈利除以已发行股票的数量。这样，你会发现，GIVE公司的每股收益5美元。如果你持有1股股票，便可以获取5美元的收益。假设你持有该公司10万股股票，或者是全部股票的10%，你将在当年获得50万美元的收益。

现在，假设GIVE公司的首席执行官决定以10美元的价格增发400万股股票，以采购设备，并增大其移动住宅的产量。现在GIVE公司的已发行股票总数为500万股。倘若其他条件不变，公司的每股收益将摊薄为1美元，你的10万股股票现在只能转换成10万美元的收益，你的所有权被稀释了。这就是巴菲特特别关注每股收益的原因。他尽量避免增发新股，因为他不想稀释投资者的收益，他宁愿通过内部投资所产生的现金来增加伯克希尔公司的收益。

因此，在伯克希尔，薪酬也是根据每股账面价值的增长而定的。在伯克希尔，更大并不意味着更好，因此公司不希望经理们只是因为增加资产而获得薪酬。巴菲特曾表示："我们的薪酬水平或者办公室的规模，永远不会与伯克希尔公司资产负债表上的数额相联系。"

董事：比股东承担更大的风险

1956年，巴菲特制定了一项基本原则："我个人不敢保证绩效，不过查理跟我可以向各位（投资者）保证，在持有伯克希尔股票期间所得到的效益，绝对会与我们本身的相同，我们不会靠领取奖金或股票选择权等方式，使得我们所得到的利益优于各位。"

巴菲特的净资产的99%以上、查理·芒格的净资产的90%是伯克希尔的股票，而且巴菲特从来没有卖出过一股股票，今后也不打算这样做。

伯克希尔有11名董事，他们每一位与其家族成员持有的伯克希尔的股票的价值都超过了4亿美元。他们持有伯克希尔大量股票的情况已经持续了很多年。这11人当中的6人的情况是，他们开始持有的日期至少都在30年以前。所有11名董事所持的股票都是像投资者一样在市场上买入的；伯克希尔从来没有分配过期权，公司也不存在有限制的股份。

除了能够向股东提供承诺的适当收益外，还有就是在股东对伯克希尔拥有所有权期间，股东的境遇和查理、巴菲特是完全一样的。伯克希尔公司董事们的底线是，"如果你感到痛苦，那我们也会感到痛苦；如果我们的财富增长，那你也会这样。而且，我们不会通过引入薪酬安排机制，让我们自己在参与公司活动的过程中趁有好处的时候多占，而在有麻烦的时候少损失，来破坏这个规矩。"

巴菲特以所有者的身份，而不是经理人的身份接受回报，巴菲特在 2012 年获得的年薪是 10 万美元，而这一标准也已经有超过 30 年没有变化。同时，根据伯克希尔公布的股东代理文件，副董事长查理 · 芒格在 2012 的年薪也是 10 万美元。

伯克希尔的董事津贴也是象征性的。因此，这 11 人从伯克希尔所得到的好处，与其他任何伯克希尔股东获得的好处是完全一样的，是按持股比例分享的。

收购对象：视之为长期合伙伙伴

巴菲特采取的是控股性的收购方式，却又在收购之后，将公司的经营权大方地授予原有的管理层。这背后，是对收购对象的仔细考察。

选择什么样的企业

从实际情况来看，巴菲特最感兴趣的一类企业，就是经营业绩突出的家族企业。巴菲特希望家族中的经营人员继续持有公司 20% 的股份，并且表示伯克希尔需要 80% 的股份来巩固收益。

同样重要的是，经营管理这个企业的家族成员仍然是所有者。非常简单，如果伯克希尔觉得目前的经营团队中的关键人员不会留下来成为我们的合伙人，是不会买的。

这些目标企业的核心需求是什么

巴菲特也是营销大师，他仔细研究心仪的收购对象的需求，并提出了非常有竞争力的价值主张。这些家族企业对买主也非常挑剔，而且希望买主能够让企业得到传承，而不是被单纯地作为一项资产进行随意地处置。

当所有者开始关心买主是谁的时候，并购是一件非常有意义的事情。我们希望与那些热爱自己的公司，而不是只爱一次出售能够带来的金钱的人做生意。当这些感情方面的附带条件存在的时候，那也就标志着这些重要的特质很有可能在这项业务里存在：诚实的账目、令人感到自豪的产品、对消费者的尊敬、一群忠诚的具有强烈方向感的员工。

当一项了不起的业务是由一个人活着是几辈人耗费了毕生的心血，用特别的才能打造出来的时候，对于所有者来说，公司被委托给谁，由谁来传承它的历史应该是非常重要的。

伯克希尔为何能够满足核心需求

必要的时候，巴菲特也可以对竞争对手进行打击。他把握住了卖家的心理，并将竞争对手归纳为以下两种类型，很显然，这两种类型都不是卖家理想的交易对象。他曾经在写给潜在收购对象的信中，这样直截了当地“攻击”两类竞争对手的软肋。

第一种是“公司位于别的地方，但是经营着与你的企业一样的业务，或者在某种程度上与你的企业类似的业务。他们通常会有一些觉得自己知道怎么管理你的企业的经理人，因此或早或晚，他们都希望对你给予某些‘援助’，也就是接管下属公司的经营管理。”

第二种是“金融炒家。用借来的巨额资金进行操作，他们计划只要时机成熟，就将你的企业转售给公众，或者转售给另一家公司。”

巴菲特继而表示，伯克希尔是另外一种类型的买家，买来企业是为了持有，但是不在母公司的组织架构内安排运营人员，也不会试图这样做。伯克希尔拥有的所有企业都以一个异乎寻常的水准进行着有效的自我管理。在很多情况下，所拥有的主要企业的经理人很多年都不来一次奥马哈，或者甚至根本就互不认识。当伯克希尔买入一家企业的时候，卖方继续经营它，与出售之前没有什么两样。伯克希尔去适应它们的方式，而不是改变它。

伯克希尔也没有向任何人（包括家人、新雇用的MBA等）承诺，让他们经营管理从作为所有者的经理人手里购买来的企业，而且以后也不会这样做。

巴菲特甚至表示，自己所涉足的领域是资本配置，以及对高层人士的选择和薪酬制定。其他的人事决策、经营战略等是管理者自己的事情。有些伯克希尔的经理人也会找巴菲特谈他们的某些决策，但这取决于他们的个性以及他们与巴菲特的私交。

巴菲特说：

查理和我相信伯克希尔提供了一个几乎是独一无二的家园。我们非常严肃地对创建了这项业务的人承担我们的义务，而伯克希尔的所有权结构确保我们能够履行我们的承诺。

对于一位商业领域的伦勃朗（荷兰著名画家）来说，能够亲自为其作品选择永久性的收藏地，要远胜于将自己的作品交给一家信托事务所，或者向那些对它没有任何兴趣的继承人进行拍卖。在过去的这些年间，我们与那些认识到这个真理的人进行了很多接触，并且将它应用到了他们的商业作品上面。

选择优秀的管理层，并让他们自我管理

当考虑一项新投资或企业并购时，巴菲特非常自信地观察管理层。伯克希尔购买的企业，必须是由巴菲特欣赏、信任和具有竞争力的管理层来管理。

巴菲特认为，对于随同被收购的企业一并而来的经理们，已经

在各种迥异的公司环境的职业生涯中证明了他们的才华，他自己的主要贡献就是让他们继续尽情地发挥，而不是进行各种干涉。

同时，巴菲特希望所有的经理人能够以以下三条作为日常经营决策的标准：①如同拥有它 100% 的权益；②它是这个世界上自己和家人所拥有的，或者将要拥有的唯一财产；③至少在一个世纪内不能出售它。作为一种必然的结果，巴菲特要求经理人不应当让他们的任何决定受到即使最轻微的会计因素的影响，经理人需要考虑什么有价值，而不是如何被认为有价值。

收购内布拉斯加家具卖场就是一个典型的案例。巴菲特购买了这家公司 90% 的股权，将剩下的 10% 留给了参与这个公司管理的布朗金家族成员，并且留下了 10% 的期权给这个家族某几位关键的年轻经理人。

当巴菲特买入这家企业 90% 的股权的时候，他对企业创始人布夫人和她那价值连城的诚信的认同表现得毫无保留：内布拉斯加家具卖场从来没有进行过审计，而且巴菲特也没有要求它这样做；他们没有检查存货，也没有审核应收款，也没有检查资产归属。巴菲特给布夫人开了一张 5500 万美元的支票，而布夫人给了他相应的承诺。这样就达成了一项“公平的交易”。

结束语：经理人和资本

在股票期权的授予方面，巴菲特表现出惊人的“吝啬”。在最近的报道当中，谈及下一任接班人时，巴菲特表示，他是伯克希尔唯一可能获得股票期权的人。

巴菲特并不反对员工持有公司的股票，但他认为，公司应该严格基于业绩贡献进行现金奖励，若是经理人员真的对自身业绩表现有信心，他便可用获得的奖金（或其他资金，包括借款）在市场上买入公司的股票，获得企业价值增长所带来的资本收益。而且在成为公司股票持有者之后，经理人员随之需要承担股票价格波动所带来的风险以及资金置存成本，这样，经理们就能真正像所有者那样对待公司。

在巨额激励的设计上，巴菲特有个底线原则：共享收益，共担风险。他认为绝大多数的股票期权激励都过不了这个基础测试关。而这一点，则与万科最新的理念暗合。“谁会认真清洗一辆租来的汽车呢?”这句巴菲特在谈论股票期权时喜欢挂在嘴边的话，值得品味。

03

第 3 章

阿里巴巴：永远不会让资本控制企业

ENTERPRISE PARTNER

|引言| 万科是一家股权分散的公司，而且长期以来，第一大股东华润集团更多地扮演着财务投资者的角色，给予万科管理层充分的自主权。万科十多年的发展证明，这一模式是非常高效的，带来了双赢的结果。但这一模式也是不稳定的，由于华润的持股比例只有 15% 左右，万科随时可能遭到“野蛮人”的入侵。也正因为如此，习惯了掌握公司方向的万科管理层才提出“掌握自己命运”的口号。

但这一口号的背后，体现了管理层与投资者的角力。因为就传统而言，管理层应当以投资者马首是瞻。公司的方向甚至命运，由投资者而非管理层决定。万科并不是第一个挑战传统的企业，阿里巴巴的实践更为大胆。通过构建“凌驾”于董事会之上的合伙人，阿里巴巴管理层实现了对公司的控制权。

阿里巴巴合伙人制度

2014 年 9 月 19 日 23：00（北京时间），代码为 BABA 的阿里巴巴敲响了纽交所的开市钟声。18 日，阿里巴巴公布的 IPO 定价为每股 68 美元，19 日上市当天，经过 10 轮公开竞价，其开盘价涨到了每股 92.7 美元，当天以 93.89 美元报收。

不计超额认购，阿里巴巴此次 IPO 融资规模全球排名第三，仅次于中国农行的 221 亿美元和工行的 219 亿美元。若 4800 万股超额认购权行使完毕，阿里巴巴 IPO 募资总额将增至 250 亿美元，荣登全球榜首。截至 19 日收盘，阿里巴巴市值 2314.4 亿美元，成为市值排名第 15 位的美国上市公司，其市值超过了摩根大通、Facebook、IBM、亚马逊等全球知名公司。

然而，因为其独特的合伙人制度，阿里巴巴的上市之路一波三折，也掀起了关于创新型公司治理制度安排的广泛讨论。

阿里巴巴上市历程回顾

自 2013 年 7 月宣布准备上市之后，阿里巴巴方面一直倾向于在香港上市。由于其 B2B 业务曾在香港上市，熟悉香港的交易规则，同时美国证券市场对于公司上市后的监管及信息披露要求相对严格，且少数股东的集体诉讼频繁，阿里巴巴自然优选香港上市。

与港交所谈判破裂

与其他公司不同，阿里巴巴在上市之前正式提出“合伙人制度”。按照阿里巴巴对合伙人制度的设计，阿里巴巴上市后，阿里巴巴合伙人有权提名董事会的多数席位人选，以此确保对公司的战略决策权。

阿里巴巴提出的合伙人制度在香港金融界掀起激烈讨论：支持者认为港交所应该与时俱进，更改现有规则，以创新姿态来接纳阿里巴巴；反对者则认为，港交所应该对所有公司一视同仁，不能因为阿里巴巴融资额高达千亿港元，就更改现有规则。

上述争论在2013年10月9日的香港立法会议后尘埃落定，香港财经事务及库务局局长陈家强表态，香港为了保障投资者权益必须坚持“同股同权”原则，香港上市规则规定不能设有双重股权[⊖]。现阶段没有计划推出针对不同股权制度的上市规则。陈家强的这番表态，让阿里巴巴以合伙人制度赴港上市的希望落空。

赴纽交所上市

阿里巴巴选择在美国上市的原因系其合伙人制度不被香港证监会认可。然而在倡导公司治理透明、股东意思自治的美国，由于历史原因和公司治理理念的不同，认可双重或多重股权制度，这为阿里巴巴的合伙人制度打开了资本市场的大门。

2014年3月16日，阿里巴巴集团宣布，启动在美上市事宜。5月7日，阿里巴巴首次向美国证券交易委员会（SEC）提交招股书。6月16日，阿里巴巴更新招股说明书。6月27日，阿里巴巴集团向美国证券交易委员会提交了IPO招股书增补文件。文件显示，阿里巴巴集团计划在纽交所挂牌，股票交易代码为BABA。

9月8日，阿里巴巴在纽约华尔道夫酒店启动为期十天的全球路演，开始向投资者推介股票，受到投资者追捧，仅两天后就收到足够的认购。

9月18日，阿里巴巴将其IPO发行价确定为每股68美元，融资额为218亿美元，超越维萨卡公司成为美国最大的IPO。如承销商行使超额认购权，阿里巴巴有望创下全球IPO融资额最高纪录。

9月19日晚间，阿里巴巴在纽交所挂牌上市。8名阿里巴巴客

⊖ 简而言之，双重股权就是同股不同权，一般来说，创始人拥有比实际持股比例更高的投票权。

户代表在美国纽交所为阿里巴巴上市敲钟。经过 12 轮询价，最终以 23：53 开盘，开盘价为 92.7 美元，相较 68 美元的发行价上涨了 36.32%。阿里巴巴此次创下了美国股市最大融资规模纪录，总市值达到 2285 亿美元，开盘时间也创下纽交所最晚纪录。

在申请香港上市期间，阿里巴巴合伙人制度一经向公众正式推出，就因其独特的设计引起广泛争论。为此，阿里巴巴经营层和股东轮番进行表态。

2013 年 9 月 24 日，阿里巴巴集团总参谋长曾鸣接受《21 世纪经济报道》采访时表示，合伙人制度是保证公司保持远见、创业精神而设立的制度，是制度上的创新，已经运行三年，不会放弃。

2013 年 9 月 26 日，阿里巴巴集团联合创始人、董事局执行副主席蔡崇信在阿里巴巴内部发表署名文章《阿里巴巴为什么要推出合伙人制》，对香港资本市场的监管提出质疑："作为香港人，我想问的是：香港资本市场的监管是被急速变化的世界抛在身后，还是应该为自己的未来做出改变，迅速创新？"

除创始人与高管外，曾经有过矛盾的阿里巴巴集团所有的大股东也纷纷站出来，支持阿里巴巴集团的合伙人制度。

2013 年 9 月 27 日上午，日本软银集团总裁孙正义对外发布声明，称"我们非常支持阿里巴巴的合伙人制度"。两个小时后，雅虎人力资源及发展执行副总裁、阿里巴巴集团董事会董事杰奎琳·雷瑟斯表示：公司领导人可以坚持和传承企业的文化，并用以制定未来的企业经营战略，这是非常重要的。

但香港资本市场并不买账。2013 年 12 月，亚洲公司治理协会以问卷调查的形式访问了 50 多家上市公司及养老基金等机构的企业治理部门高级人员，结果显示 94% 的受访者反对企业管理层以少数股权控制董事会提名权。61% 的受访者表示，如果香港引入非常规股权制度，就会考虑将港股估值计入约 13% 的折让。

这个引发轩然大波的合伙人制度，到底是什么内容？

在 2014 年 5 月阿里巴巴递交美国证券交易委员会的招股说明书中，阿里巴巴就公布了合伙人制度的相关细节。仔细阅读阿里巴巴合伙人制度的内容，我们不难发现它与《中华人民共和国合伙企业法》等法律规范中定义的合伙人完全不同。阿里巴巴的合伙人机制旨在通过制度安排，有效掌握公司的控制权，进而保证创始人和管理层的权益并传承公司的企业文化。

关于保障企业创始人对上市公司的控制，在美国上市的公司早有另外一种成熟的做法，即双重股权架构。但阿里巴巴并没有采取这样的做法，而是通过设立合伙人这样的特殊权力机构以对抗其他股东的权利，并稳定创始人和管理层现有的控制权。

根据阿里巴巴的招股书、公司章程及其他公开资料，阿里巴巴合伙人制度中，对于合伙人的权力主要体现在董事的提名权和任命权两个方面。

董事提名权

根据公司章程，阿里巴巴合伙人享有提名过半数董事会成员的专属权。被提名董事必须在每年的股东大会上得到半数以上投票。

董事任命权

如果阿里巴巴合伙人提名的董事没有获得股东大会的选举，或在选举后因为任何原因离开了董事会，阿里巴巴合伙人有权任命另一个人作为临时董事以填补空缺，直至下一次年度股东大会。

如果任何时候，因任何原因，董事会成员中由阿里巴巴合伙人提名或任命的合伙人不足半数时，阿里巴巴合伙人有权任命额外的董事以确保董事会中半数以上成员由阿里巴巴合伙人提名或任命。

阿里巴巴合伙人的提名权和任命权可视作阿里巴巴创始人及管理层与大股东协商的结果，通过这一机制的设定，阿里巴巴合伙人拥有了超越其他股东的董事提名权和任免权，控制了董事人选，进而决定了公司的经营运作。

合伙人的选举和罢免

合伙人的选举和罢免无须经过股东大会。

选举之前，先由现有合伙人向合伙人委员会提名候选人。选举新合伙人的标准和程序强调的是要对合伙人、客户、员工以及股东负责。合伙人委员会会审核并决定被提名的候选人能否参加选举。

在一人一票的基础上，新合伙人的当选需要得到至少 75% 的合伙人的同意。如果过半数合伙人投票同意，任何合伙人（包括马云和蔡崇信）都将被免除合伙人资格。合伙人的选举和罢免无须经过股东大会审议或通过。

根据 2014 年 5 月阿里巴巴向美国证券交易委员会递交的招股书，当时阿里巴巴合伙人共计 28 名。阿里巴巴合伙人制度并未固定人数，名额将随着成员变动而改变且无上限，除马云和蔡崇信为永久合伙人外，其余合伙人的地位与其任职有关，一旦离职则退出合伙人关系。

确保合伙人制度长期稳定性的规则

为确保阿里巴巴合伙人制度的长期性和稳定性，阿里巴巴还做出了以下规则和安排。

从规则上增加合伙人制度变更的难度

阿里巴巴合伙人制度变更需通过董事批注和股东表决两重批准。

（1）从董事层面看，任何对阿里巴巴合伙协议中有关合伙人关系的宗旨或者关于阿里巴巴合伙人履行董事提名权的修改，必须经过多数董事（不包括被提名者或被任命者，并且是纽交所公司管理规则 303A 中规定的“独立董事”）的批注。[⊖]对于合伙协议中有关提名董事程序的修改则须取得独立董事的一致同意。

（2）从股东层面看，根据上市后修订的公司章程，修改阿里巴巴合伙人的提名权和公司章程中的相关条款，必须获得出席股东大会的股东所持表决票数 95% 以上同意方可通过。

与大股东协议巩固合伙人控制权

阿里巴巴合伙人与主要股东软银、雅虎达成了一整套表决权拘束协议以进一步巩固合伙人对公司的控制权。根据阿里巴巴的招股书，上市公司董事会共 9 名成员，阿里巴巴合伙人有权提名简单多数（即 5 人），如软银持有阿里巴巴 15% 及以上的股份，软银有权提名 1 名董事，其余的 3 名董事由董事会提名委员会提名，前述提名董事将在股东大会上由简单多数选举产生。

根据前述表决权拘束协议，阿里巴巴合伙人、软银和雅虎将

⊖ 根据纽约交易所公司治理规定第 303A.01 项，上市公司董事会的大多数董事必须是独立董事。但是，若某公司超过 50% 的表决权被某个人、集团或另一公司持有（“被控股公司”），则该公司无须遵守本项规定。《中华人民共和国公司法》和香港联合交易所上市规则（“联交所规则”）均不要求本公司的大多数董事为独立董事。

在股东大会上以投票互相支持的方式，确保阿里巴巴合伙人不仅能够控制董事会，而且能够基本控制股东大会的投票结果。协议约定：

软银承诺在股东大会上投票支持阿里巴巴合伙人提名的董事当选，未经马云及蔡崇信同意，软银不会投票反对阿里巴巴合伙人的董事提名。

软银将其持有的不低于阿里巴巴 30% 的普通股投票权置于投票信托管理之下，并受马云和蔡崇信支配。鉴于软银有一名董事的提名权，因此马云和蔡崇信将在股东大会上用其所拥有和支配的投票权支持软银提名的董事当选；雅虎将动用其投票权支持阿里巴巴合伙人和软银提名的董事当选。

阿里巴巴为何选择合伙人制度

如果对阿里巴巴的发展历史稍加了解，再结合阿里巴巴合伙人制度的条款，我们就不难发现，阿里巴巴之所以选择合伙人制度，明线是维护企业文化传承，保障投资者长期利益，暗线则是保证创始人及管理层对公司的控制权。

维护企业文化传承和长远发展

按照马云的说法，选择合伙人制度主要是为了维护公司的使命和价值观的传承，为股东创造长期的回报。在阿里巴巴的发展历程中，企业文化一直被置于至关重要的地位。

让天下没有难做的生意

1999 年年初，在北京互联网界没有折腾出太大动静的马云，带着十几个年轻人和 50 万元砸锅卖铁换来的创业资本，回到杭州创办了阿里巴巴。彼时，马云就提出阿里巴巴的使命是“让天下没有难做的生意”。

2000 年，互联网泡沫破灭，众多互联网公司纷纷倒闭，阿里巴巴却依靠 2500 万美元的风投得到了大发展。仅仅不到一年的时间，阿里巴巴就成为了跨国公司，在美国硅谷、伦敦、香港发展很快，员工来自 13 个国家。

公司规模的快速扩张，让马云开始觉得管理起来力不从心。过去那种简单的管理方式面临严峻挑战。

六脉神剑

2001 年，在通用电气公司（GE）工作了 16 年的关明生加入阿里巴巴就任首席运营官。在关明生看来，一家优秀的企业必须要有核心价值观。在关明生的推动下，阿里巴巴总结出了九条：群策群力、教学相长、质量、简易、激情、开放、创新、专注、服务与尊重。这是阿里巴巴第一次将自己的价值观明确提出来，马云称它为“独孤九剑”。

2004 年 7 月，曾在微软等多家企业任职的邓康明担任阿里巴巴集团人力资源部副总裁。加入阿里巴巴后，邓康明的第一刀就切向了“独孤九剑”：“这一套价值观的描述，没有完全展现出阿里巴巴的个性。”

经过与集团高层反复讨论，2004 年 9 月，邓康明组织了一个 300 人规模的专题会议，讨论如何优化“独孤九剑”。2004 年 10 月，马云最终拍板，原来的“独孤九剑”精炼成了“六脉神剑”：客户第一、团队合作、拥抱变化、诚信、激情、敬业。

改变人的思想，必须先改变人的行为。在“六脉神剑”确定之后，阿里巴巴人力资源部对价值观进行了细化，每一条价值观都细分出了5项行为指南。而这30项指标，就成为了价值观考核的全部内容。

阿里巴巴的绩效考核中，员工的价值观与业绩各占50%的权重。员工通过考核被分成三种：有业绩，但价值观不符合的，被称为“野狗”；事事老好人，但没有业绩的，被称为“小白兔”；有业绩，也有团队精神的，被称为“猎犬”。

客户第一，员工第二，股东第三

“客户第一”最早出现在阿里巴巴的“六脉神剑”当中，“客户第一，员工第二，股东第三”最早出现的时间已经无从考证，但马云在很多场合重申这一理念，并在2014年向美国证券交易委员会提交IPO申请文件前发给员工的邮件当中强调，公司将坚持这一理念。

在多次演讲中，马云详细阐述了这一理念背后的逻辑：阿里巴巴只有坚持“客户第一”，为客户创造持久的价值才有可能为股东创造价值。在新经济时代，让客户满意的最主要的因素是我们的员工，没有勤奋、快乐、激情敬业和富有才华能力的员工，给客户创造价值就是一句空话。没有满意的员工队伍就不可能有满意的客户，没有满意的客户绝对不可能有满意的股东。

在发给员工的邮件当中，马云更是强调了价值观的重要性：

我们深知，我们生存下来不是因为战略多么宏远，执行力多么完美，而是我们15年来坚持了“让天下没有难做的生意”这个使命，坚持了我们“客户第一”的价值观，坚持了相信未来，坚持了平凡人一起做非凡事。

上市后我们仍将坚持“客户第一，员工第二，股东第三”的原则。

我们相信做任何艰难的决定，不管是在过去还是将来，坚持原则才是对各方利益最大的尊重和保护。上市某种意义上是让我们更有力量去帮助客户、支持员工、守护股东利益。

马云关于合伙人的思考则更早。2007 年，阿里巴巴准备在香港上市前后，马云就开始思考公司未来需要一个什么样的管理架构。为此，马云特地奔赴欧美，考察先进的治理方法。在马云看来，大多数企业治理方式均不适用于未来的阿里巴巴集团，特别是现在的互联网企业。后来两家非互联网公司给了马云以启发，一家是投行高盛，一家是咨询公司麦肯锡，它们采取合伙人治理模式。比如麦肯锡，公司掌握在 600 位左右的合伙人手里。正是这一合伙人制度保证了麦肯锡独立的文化。

2013 年 1 月 15 日，马云向员工发出信件，宣布于 2013 年 5 月 10 日起不再担任阿里巴巴集团 CEO 一职，同时宣布阿里巴巴未来将产生两个组织：一个是战略决策委员会，由董事局主席负责；一个是管理执行委员会，由 CEO 负责。

合伙人制度设立之后，马云建立了三级管理架构：管理执行委员会代表最年轻的一代，负责做执行，负责业务；战略决策委员会代表中间一代，负责战略；合伙人作为阿里定义的价值传承者，决定董事会成员任命等重大事项。

2013 年 9 月 10 日，在阿里巴巴准备在香港上市前夕，马云曾面向所有员工发邮件，解释了实施合伙人制度的初衷：

……大部分公司在失去创始人文化以后，会迅速衰落蜕变成一家平庸的商业公司。我们希望阿里巴巴能走更远。

怎样的制度创新才能实现我们的梦想呢？从 2010 年开始，集团开始在管理团队内部试运行“合伙人”制度，每一年选拔新合伙人加入。合伙人，作为公司的运营者，业务的建设者，文化的传承者，同时又是股东，最有可能坚持公司的使命和长期利益，为客户、员工和股东创造长期价值。

阿里巴巴合伙人的产生必须基于：在阿里巴巴工作五年以上，具备优秀的领导能力，高度认同公司文化，并且对公司发展有积极性贡献，愿意为公司文化和使命传承竭尽全力。我们相信只有一个热爱公司、坚持使命驱动、坚持捍卫阿里巴巴文化的群体，才能够抗拒外部各种竞争和追求短期利益的压力。

有别于绝大部分现行的合伙人制度，我们建立的不是一个利益集团，更不是为了更好控制这家公司的权力机构，而是企业内在的动力机制。这个机制将传承我们的使命、愿景和价值观，确保阿里巴巴创新不断，组织更加完善，在未来的市场中更加灵活，更有竞争力。这个机制能让我们更有能力和信心去创建我们理想中的未来。同时，我们也希望阿里巴巴合伙人制度能在公开透明的基础上，弥补目前资本市场短期逐利趋势对企业长远发展的干扰，给所有股东更好的长期回报。

……各位阿里人，我们不一定会关心谁去控制这家公司，但我们关心控制这家公司的人，必须是坚守和传承阿里巴巴使命文化的合伙人。

合伙人机制在传承阿里巴巴使命和文化中的优势

合伙人选任制度设计本身也反映了阿里巴巴有意识地贯彻着以合伙人治理为核心的统一且发展的企业文化。

例如，合伙人每年选举制度既填补了因现任合伙人转股或离职等原因可能造成的职务空缺，又为推动公司及时应变、业务拓展和长期发展提供了人事更新的基础和渠道。

又如，合伙人人数不设上限，使得合伙人机构的扩张能力与公司发展同步，打通重要员工的上升通道，激发管理层的工作热情。

再如，候选人经过在任合伙人推荐、合伙人委员会审核及75%的合伙人投票赞成后方可就任新合伙人的选任程序协调了部分合伙人与整个合伙人团队可能产生的矛盾冲突。在任合伙人的推荐可以使人才发现不局限于某几位合伙人的视野范围，确保未来发展的新鲜血液来自公司的各个方面。

合伙人委员会的审核不仅反映了对合伙人资格的要求，而且通过对弹性标准（对公司发展有积极贡献及高度认同公司文化，愿意为公司使命、愿景和价值观竭尽全力）的判断也体现了核心合伙人对候选人的认知及价值倾向，确保新任合伙人与核心合伙人利益的一致性，而绝对多数通过制度可以避免因新合伙人的加入所引起的合伙人的内部矛盾纠纷，稳定并巩固了合伙人之间的信任及协作。

合伙人选举时一人一票的投票制度，反映了合伙人之间的平等性。此外，对于合伙人任职期间的持股和限制转股数额的要求可以实现合伙人利益与公司利益的绑定，以减少合伙人的道德风险和代理成本。

保证创始团队对企业的控制权

另外一点毋庸讳言，保持文化的另一面，就是保持控制权。

“资本家永远是舅舅”

马云对于资本的态度非常明确，概括来说，就是永远不会让资本控制企业。

2007年11月6日上午，阿里巴巴网络有限公司在香港挂牌上市。马云在参加完上午的挂牌仪式后，接受了新浪科技的专访。面对记者的提问，马云明确表示："很多人觉得是雅虎控制了阿里巴巴，在我看来控制这家公司的永远是客户、是市场，我们不会让任何资本来控制。"

同年，在中央电视台《赢在中国》节目中，马云曾点评获得当季冠军的李书文："你刚才讲到风险投资，如果给你投钱，你会让资本说话。我的建议是，永远不要让资本说话，让资本赚钱。让资本说话的企业家不会有出息，最重要的是你让资本赚钱，让股东赚钱。如果有一天你拿到很多钱，你坚持今天的原则，做你认为可以赚钱的，我相信有一天资本一定会听你的。虽然没有掌握控股权，但能让投资者们赚钱，他们还是很高兴的，因为自己选对了投资对象。"

在2010年10月中国计算机大会上，马云首次对当时甚嚣尘上的"雅巴回购之争"进行表态。他强调，虽然外资是阿里巴巴的大股东，但是外资不会控制阿里巴巴，自己会掌控阿里巴巴的未来。

在讲话中马云表示，在消费者、阿里巴巴团队之外，股东影响力永远是处于第三位，"最后是我来决定"。而能改变自己的力量只有用户和团队。马云表示："我坚信不移的事情是：资本家永远是舅舅，你是这个企业的父母，你要掌握这个企业的未来。股东永远是第三位，（资本）永远是舅舅，买奶粉的钱不够就借一点。"

阿里巴巴控制权之争

在引进资本推动公司发展的同时，马云一直希望能够掌握公司的控制权。

在最初引进软银的投资时，马云就因控制权的问题，拒绝了孙正义 3000 万美元的投资，只拿取了 2000 万美元。直到 2004 年软银对阿里巴巴进一步增资之后，马云及其创始团队都一直掌握了多数股权和投票权：马云及其创始团队占股 47%，软银占股约 20%，富达占股约 18%，其他股东占股约 15%。

2005 年 8 月，雅虎的注资成为阿里巴巴控制权问题的一个节点。2005 年，正处于阿里巴巴与 eBay 交战的关键时刻，正是用钱的时候。2005 年，阿里巴巴收购雅虎中国全部资产，同时得到雅虎 10 亿美元投资，其结果是雅虎中国换来了阿里巴巴 40%（后被稀释至 39%）的股份和 35% 的投票权。此时，马云及其团队的投票权为 35.7%，仍为“控制者”。

而同样在 2005 年签署的一份协议则为这家公司的“控制者”带来变数。2005 年，阿里巴巴集团与雅虎签订协议，规定：从 2010 年 10 月开始，雅虎的投票权将增加至 39.0%，而马云及其团队的投票权将从 35.7% 降为 31.7%，软银的股权和投票权都保持在 29.3% 不变。值得一提的是，到 2010 年 10 月，该协议规定的“阿里巴巴首席执行官马云不会被辞退”的规定也将取消。如果马云及其管理团队不采取行动，2010 年 10 月以后，阿里巴巴集团的实际控制者将变为“雅虎”。

马云及其团队当然不会让“门口的野蛮人”反客为主，让投资者“驱逐”掉创业团队的一幕发生在阿里巴巴身上。2011 年 9 月，阿里巴巴启动了员工股权购买计划，“长征计划”(即回购雅虎股权计划）随后展开。在外界看来，马云及其团队对控制权的争取，阿里巴巴与国外大股东的博弈，实际上从 2005 年就开始了，直至 2012 年宣布回购雅虎部分股份。

2012 年 5 月，阿里巴巴与雅虎签署协议，允许阿里巴巴集团分阶段地回购雅虎持有的阿里巴巴集团股份。协议规定：阿里巴巴将以76亿美元回购大约50%雅虎持有的阿里巴巴股份（即约20%的阿里巴巴集团股份）。第二阶段：如果阿里巴巴集团IPO，阿里巴巴有权在IPO时以IPO价格回购雅虎剩余股份的50%（约10%的阿里巴巴集团股份）。而其余10%的股票，则等阿里巴巴集团上市禁售期之后，雅虎可以选择出售。

与股权变化相应，更重要的是，阿里巴巴集团的投票权有了变化：交易完成后，雅虎、软银的投票权合计在50%以下，董事会提名席位亦是阿里巴巴占优。而雅虎、软银成了纯粹的财务投资者：在2013年和2014年，雅虎分别两次修改协议，申请减售阿里巴巴集团股份，表示看好阿里巴巴的长期价值。至此，从作为基础的投票权角度来说，阿里巴巴的控制权问题到了解决。

支付宝风波

在与资本较量的过程中，马云不惜打破常规。2010年的支付宝风波，充分证明了这一点。

2010年6月，中国人民银行颁布的《非金融机构支付服务管理办法》，要求第三方支付企业必须取得许可证才能经营。外商投资支付机构的业务范围、境外出资人的资格条件和出资比例等，由中国人民银行另行规定，报国务院批准。央行透漏，考虑到金融安全，要想拿到支付牌照，支付公司必须是真内资，不允许以协议控制[⊖]的方式做一个假内资的壳公司去申请牌照。这意味着支付宝若想要

⊖ 所谓协议控制，是离岸公司通过外商独资企业，与内资公司签订一系列协议来成为内资公司业务的实际收益人和资产控制人，以规避《外商投资产业指导目录》对于限制类和禁止类行业限制外资进入的规定。

第一批拿到《支付业务许可证》，最好是内资身份。

在股东反对、董事会未通过的情况下，马云做出“非常艰难但唯一负责任”的决定，单方面决定断掉支付宝与阿里巴巴集团之间的协议控制关系，以获取央行发放的支付牌照。支付宝被以3.3亿元的价格转到马云控制的“浙江阿里巴巴集团”。

6月14日，在杭州淘宝总部的会议室，阿里巴巴集团CEO马云带领支付宝CEO彭蕾、支付宝CFO井贤栋一起召开支付宝媒体沟通会。

马云明确表示，雅虎和软银都未能履行其作为董事的职责。马云在谈及雅虎和软银在支付宝事件中所扮演的角色时表示：“在目前谈判之前，它们利用了公司的结构缺陷并采用了拖延战术。作为大股东，它们对；作为董事，它们都错了。”

在评价自己做出的这一决定引起的争议时，马云表示，当董事会、大股东不同意时，他作为CEO必须考虑到国家法律、用户和阿里巴巴的2.2万名员工。尽管这个决定不完美，甚至“可以说是一个艰难的决定，但它是正确的”。

如何保证控制权

阿里巴巴合伙人制度最直接和最现实的作用是强化并巩固创始人及管理层对公司的控制。

阿里巴巴创始人的持股数量已随着阿里巴巴的持续融资及上市被逐步稀释，根据2014年5月阿里巴巴向美国证券交易委员会（SEC）所提交的IPO招股说明书显示，当时软银为阿里巴巴的最大股东，持有7.97亿股，持股比例为34.4%。第二大股东为雅虎，持股5.24亿股，占比22.6%。在上述两大股东之后才是董事局主席马云，持股数量为2.06亿股，占比8.9%；董事局执行副主席蔡崇信持股0.835亿股，占比3.6%；阿里巴巴CEO陆兆禧、COO张勇等高管持股比例均未超过1%。

从股份分布比例上看，阿里巴巴创始人及管理层所持股份合计不超过13.5%，远不及雅虎所持有的股份数额，更不能与软银相提并论。仅凭借持股阿里巴巴管理层难以对公司继续实施控制，因此通过公司架构设计以获取超过其股份比例的控制权则至关重要。

按照《中华人民共和国公司法》的规定，董事会作为公司具体经营运作的决策中心和管控者，决定着公司的发展路径和总体规划，而以CEO、总经理等为首的高级管理层则对董事会负责，向董事会报告工作。

因此，董事会作为公司治理的重要部门，直接控制着公司本身，股东则依赖于行使投票权、知情权等权利或采取“用脚投票”的方式改变或影响董事会，借以实现间接控制公司的效果。在以董事会为中心的公司治理模式下，控制董事会即意味着控制了公司。

控制董事会最主要的方式是取得董事的提名权和任命权，安排自己的代言人进入董事会以管控公司。

阿里巴巴合伙人制度确立了如下两层措施，达到控制董事会的目的：

首先，制度规定阿里巴巴合伙人享有董事会半数以上董事的提名权，且在被否决的情况下可以重新提名己方董事，从而确保了其能够控制多数新任董事候选人，构成了限制其他股东权利的第一道屏障。

其次，一旦创始人和管理层与其他股东（特别是大股东）的矛盾加剧，其他股东可能反复动用其投票权在股东大会上否决合伙人提名的董事，因此制度赋予合伙人任命临时董事的权力，即无论股东是否同意，合伙人提名的董事都将进入董事会以保证其超过半数的控制权。通过这一制度设计，股东的否决权实际已被架空，股东大会董事选举的意义实质上仅是安排股东代表作为少数董事参与董事会运作，合伙人成功地通过控制董事会的方式取得了公司控制权。

阿里巴巴的制度安排显然与同股同权和资本多数决定的原则不一致。为了保证该制度得以长期稳定地执行，阿里巴巴采取的措施是将创始人及管理层与大股东间达成的关于董事提名和任命的方案写入公司章程，且协议中提名权的修改和公司章程中相关条款的修订应分别经多数董事的批注和股东大会绝对多数票通过（95% 以上），通过公司章程的形式直接对阿里巴巴合伙人赋权。

这一措施的另一个好处是，无论今后其他股东及其持股比例如何变动，只要阿里合伙人持有最低比例的公司股份，则合伙人的权利将不会旁落。

阿里巴巴为何没有使用双层股权架构

类似阿里巴巴的公司创始人及其团队实现对公司的绝对控制情况在美国上市公司中并不鲜见，但它们普遍采用的是双层股权架构。双层股权架构首先出现于媒体领域，如《纽约时报》公司、奥克斯、默多克的新闻集团等。他们给出的理由是，新闻的真实和客观至关重要，不容干涉。

科技企业的双层股权架构

后来，双层股权架构被科技企业所广泛青睐。科技企业之所以喜欢这种结构，是因为创始人可以在上市融资后依然把握企业的发展方向。据统计，在美国标准普尔 500 指数公司中，有 6% 的公司通过采用二元股权结构，实现公司创始人和创始团队、高管层对公司的绝对控制，谷歌、VISA、Facebook 等无一例外。

Zynga 公司甚至采用了“三层股权结构”。其创始人、首席执行官马克·平卡斯（Mark Pincus）控制着全部的 C 股，而这种股份每 1 股有 70 票的投票权。在科技行业采用类似股权架构的标志性公司是谷歌，该公司在 2004 年 IPO 的时候采用了双重表决权的架构，从而让这家高技术企业拥有了必要的稳定性和独立性。

Facebook 也采取了相似的做法。Facebook 招股书中设计的双层股权结构，将普通股分为 A 系列普通股和 B 系列普通股，其中一个 B 系列普通股对应十个投票权，而一个 A 系列普通股对应一个投票权，A 级股和 B 级股在分红派息，以及出售时的现金价值上完全一致，唯一的区别就是代表的投票权不一样。扎克伯格等 Facebook 的高管通过持有 B 系列普通股来放大其对公司重大决策的控制权。

另外，考虑到投资者的需求，Facebook 还把双层股权设计进一步拓展，并针对其弊端进行了有效改进。例如，在谷歌的双层股权方案中，只有高管和公司内部人才能够持有 B 级股，外部投资者无论何时成为公司股东，一律只能持有 A 级股票。而 Facebook 对于上市前的股东给予 B 级股，这样更能够赢得机构投资者的欢迎。Facebook 上市前共发行了 1.17 亿股 A 级股和 17.59 亿 B 级股（包括此前所有已发行优先股转换的 B 级股，这部分 B 级股占 5.46 亿股）。其中，公司创始人、董事长兼首席执行官马克·扎克伯格持有 5.34 亿 B 级股，占 B 级总数的 28.4%。

为了解决持有B级股的投资者可能集中控制权的风险，Facebook 引入投票信托协议。根据 Facebook 招股书中披露的内容，此前十轮投资 Facebook 的所有机构和个人投资者，都需要同 Facebook 签订这份表决权代理协议，同意在某些特定的需要股东投票的场合，授权扎克伯格代表股东所持股份进行表决，且这项协议在 IPO 完成后仍然保持效力。这部分代理投票权为 30.5%，加上其本人所拥有 28.4% 的 B 级股，扎克伯格总计拥有 58.9% 的投票权，实现对 Facebook 的绝对控制权。

阿里巴巴合伙人与双层股权架构的对比优势

从公司长远利益来看，其创始人和主要管理团队都有掌握控制权的必要性和迫切性。不同的是，由于早期引入资本来交换的条件不同，谷歌、Facebook、百度、京东等通过双层股权架构方式，让创始人团队通过股权，一举解决了投票权、决策权等问题，但对于当时也只能占到 8.9% 股份的马云来说，用双层股权架构方式显然不能解决问题。

阿里巴巴采取了合伙人机制之后，相对比双层股权架构而言，优势也非常明显。双层股权制度更多地突出创始人本身的决策权和控制权，而阿里巴巴在合伙人制度当中将创始团队整体放在首位。在双层股权制度下，公司未来发展执行的是创始人描绘的蓝图，而“合伙人制度”希望阿里巴巴未来实现的是合伙人团队的共同愿景。

在合伙人制度下，合伙人会议实现了一定程度上的集体领导，治理结构体现了一群合伙管理人的愿景，有利于公司内部的激励和主动性激发，相对于把公司投票权集中在某一个或某几个创始股东手中的双层股权制度，有一定的积极意义。

另外，阿里巴巴合伙人机制的反稀释效果更强。尽管双重股权制度赋予特种股票持有人更多的投票权，但这种投票权数量依然与其所持的特种股股份数量挂钩，只是在比例上大于普通股的配比。相反，阿里巴巴合伙人制度则斩断了这种联系，只要合伙人持有公司股份，则其投票权不受任何股份数额的影响，消除了股份稀释的威胁，便于创始人和管理层更长期稳定地控制公司。

结束语：资本和企业家

张维迎教授是公司治理方面的专家。他的一些理论，或许可以作为阿里巴巴合伙人制度的注脚。他认为，传统公司治理理论存在很大误区，主要是以经理人为中心的公司治理理论，但有效的公司治理应当以企业家而非经理人为中心。

经理人和企业家完全是两类人。企业家擅长“破坏式创新”，经理人则倾向于守成。对比日本公司的衰落和三星的崛起可以发现，三星的成功在于创始人对看准的领域砸下重金，这种做法是职业经理人无法做到的。

好的公司治理结构的最关键标准，就是要让有企业家精神的人控制企业。传统研究几乎把公司治理等同于激励和监督经理人的问题，而没有对企业领导人的选择给予足够重视。激励问题当然是重要的，但比激励问题更重要的是谁来领导企业。

公司的存在是为了创造价值，经济增长的发动机是企业家。正是为了发挥企业家精神的作用，我们才创造了公司这种组织形式。一个好的公司治理结构必须同时解决经营者的选择问题和激励问题。也就是说，它既要保证真正具有企业家精神的人控制企业，也要使得控制企业的人有积极性为股东创造价值。

阿里巴巴创始人从直觉出发进行的公司治理创新，或许能够引发企业界更多的实践和思考。就这一点而言，巴菲特的想法与马云是一致的。在巴菲特的操作当中，他也是采取了控股但交给经理人去做的做法。这一点很有意思。

第 4 章

华为：劳动、知识和资本共创价值

ENTERPRISE PARTNER

引言 华为秉持着一个简单的逻辑：价值分配是管理的核心。尽管今天华为依然将员工定义为“劳动者”，但早在 20 年前，华为就提出知识资本化，并且将知识、劳动力、资本和企业家作为公司创造价值的四大要素。正如任正非所说，当初只是抱着与员工分担责任、分享利益的朴素目的，却没有想到当初无心插的花，成就了华为今天的大事业。

在本章当中，我们对华为的利益分享机制进行了重点介绍，并划分为若干阶段。在随后的段落中我们可以看到，华为的利益分享机制一直在根据外部环境和公司发展阶段的变化而变化，但每次的改变，都围绕着知识资本的价值分配这一主轴。而且随着“以奋斗者为本”文化的建立，利益分享机制的调整一直在导向冲锋和奋斗。2010 年，华为内部正式进行了人力资源管理纲要价值模块的讨论，核心就是“对华为公司价值创造与价值分配的理解”。

“西方电信巨头最尊敬的敌人”

华为可能是中国最优质的民营企业之一。1987 年，深圳市华为技术有限公司（即华为公司前身）成立，注册资本仅2万元。2012年，华为年销售额达到2202亿元，一举超越爱立信成为全球最大的电信设备供应商。2014年，华为年销售额达2882亿元，《财富》世界500强排名上升至第285位。2015年，在《财富》世界最新的500强排名中，华为已经上升到第228位。

《经济学人》称华为是“欧美跨国公司的灾难”；《时代》认为华为是“所有电信产业巨头最危险的竞争对手”。爱立信全球总裁卫翰思（Hans Vestberg）说：“它是我们最尊敬的敌人。”

截至2014年12月31日，从6名员工发展到17万名员工，从2万元创业起家到2014年年销售额达2882亿元，从默默无闻到成为世界级的企业，华为成功的秘密是什么？

毫无疑问，华为的成功依赖于多个因素。领头人的战略思维、公司持续的研发投入、员工的拼搏精神等。恐怕没有人会否认，华为独具特色的利益分享机制，是驱动公司持续、快速发展的关键因素之一，在华为的快速成长中起到了巨大的核变效应。

任正非在2011年圣诞节发表的《一江春水向东流》文中，阐述了自己建立这一利益分享机制的心路历程：

我是在生活所迫、人生路窄的时候，创立华为的。那时我已领悟到个人才是历史长河中最渺小的，这个人生真谛。我看过云南的盘山道，那么艰险，一百多年前人们是怎么确定路线，怎么修筑的，我为筑路人的智慧与辛苦感动；我看过薄薄的丝绸衣服，为上面栩栩如生的花纹是怎么织出来的而折服，织女们怎么这么巧夺天工？天啊！不仅万里长城、河边的纤夫、奔驰的高铁……我深刻地体会到，组织的力量、众人的力量，才是力大无穷的。

人感知自己的渺小，行为才开始伟大。……我刚来深圳时准备从事技术工作或者搞点科研，如果我选择这条路，早已被时代抛在垃圾堆里了。我后来明白，一个人不管如何努力，永远也赶不上时代的步伐，更何况我们处在这个知识爆炸的时代。只有组织起数十人、数百人、数千人一同奋斗，你站在这上面，才摸得到时代的脚。

我转而去创建华为时，不再是自己去做专家，而是做组织者。在时代前面，我越来越不懂技术，越来越不懂财务，半懂不懂管理，如果不能通过民主善待团体，充分发挥各路英雄的作用，我将一事无成。从事组织建设成了我后来的追求，如何组织起千军万马，这对我来说是天大的难题。

我创建了华为公司，当时在中国叫个体户，这么一个弱小的个体户，想组织起千军万马，是有些狂妄，不合时宜，是有些想吃天鹅肉的梦幻。我创建公司时设计了员工持股制度，通过利益分享，团结员工，那时我还不懂期权制度，更不知道西方在这方面很发达，有多种形式的激励机制。仅凭自己过去的人生挫折，感悟到与员工分担责任，分享利益。

创立之初，我与我父亲相商过这种做法，结果得到他的大力支持，他在20世纪30年代学过经济学。这种无意中插的花，今天竟然开放得如此鲜艳，成就了华为的大事业。

因为员工持股机制的复杂演变（后续会详细介绍）及其他原因，华为员工持股的具体情况一直是个秘密。根据华为高级副总裁丁少华2012年9月中旬在美国国会的证词以及英国《金融时报》中文网的相关文章，可以得到华为员工持股的基本情况：

华为公司的绝大部分股票（99%左右）由8万名员工通过工会持有。这一数字在2011年12月为65596名，2012年12月为7.43万名。

华为在2009年财报中首次披露股权结构，当年任正非持股1.42%。截至2012年12月31日，华为投资控股有限公司工会委员会的持股比例为98.82%，任正非出资比例为1.18%，参与员工持股计划出资占公司总股本的0.21%，两项累计，任正非在华为的总持股比例接近1.4%。

也正因为如此，万科总裁郁亮认为华为几乎是一家合伙制公司。郁亮在一次接受媒体采访时谈道：

我去华为拜访，感觉它更像合伙人……员工都是股东，它现在有10多万人的内部股东。员工股东可以理解为合伙概念，所以合伙不合伙还有一个分别，最重要的是看老大有多少股份。有的虽然内部持股，但大老板一人持有股份太大，在这种情况下，即使全员持股，我都认为这个是一家内部公司。但如果大老板股份不太多，很少，这时候全员持股，我觉得这个叫合伙公司。

纵观华为20多年的发展，总体而言，员工持股的发展分为以下三大阶段。

第一阶段：试水员工持股（1990 ~ 2000年）

任正非认为："一个企业的经营机制实质上是一个利益驱动机制。"1987年，任正非与五位合伙人共同投资成立深圳市华为技术有限公司（即华为公司前身），注册资本仅2万元。

在电信、IT等高科技领域，各个公司最为核心的资源不是固定资产，而是掌握核心技术的员工，且行业内人员的流动性较大。正因为如此，公司间对于关键人才的争夺异常激烈。给核心员工配发公司股票和期权，以便留住人才，是这些高科技公司普遍采取的方法。按照华为的说法，创立三年后，华为就开始实行广泛的员工持股制度。

1990年，华为第一次提出授予员工股票。对员工股票的授予是有一定条件的，只派发给在公司上班满一年的所有员工，根据工作的级别、绩效、可持续贡献等给予内部员工股票，购买的方式主要是员工的年终奖金。资金不够的，公司协助贷款，员工享受分红权。

当时参股的价格为每股 1 元，以税后利润的 15% 作为股权分红。当时每个持股员工手中都有华为所发的股权证书，并盖有华为公司资金计划部的红色印章。在华为发展时期，华为员工的薪酬由工资、奖金和股票分红组成，这三部分数量几乎相当。

1997 年 6 月，华为公司对股权结构进行了改制，使其看起来相对简单。改制前，华为公司的注册资本为 7005 万元，其中 688 名华为公司员工总计持有 65.15% 的股份，而其子公司华为新技术公司的 299 名员工持有余下的 34.85% 股份。改制后，华为新技术公司、华为新技术公司工会以及华为公司工会分别持有华为公司 5.05%、33.09% 和 61.86% 的股份。同时，华为公司股东会议决定，两家公司员工所持的股份分别由两家公司工会集中托管，并代行股东表决权。

1994 年，深圳市出台《关于内部员工持股制度的若干规定》(试行)；1997 年 9 月，为了规范各公司各种形式的员工持股计划，深圳市再次出台《深圳市国有企业内部员工持股试点暂行规定》。虽然身为民营企业，华为还是将自己的员工持股方案上报了深圳市体改办。当年 11 月，体改办对华为公司内部员工持股方案做出批复，原则上同意其改制方案。

这次改革中每股 1 元的价格相当诱人。1993 年，华为公司每股净资产为 5.83 元，1994 年每股净资产为 4.59 元，1995 年每股净资产为 3.91 元，但每股 1 元的认购价格一直延续到 2001 年。随着华为逐渐进入高速增长时期，员工股的回报率常常能达到 70% 以上，华为的员工还可以通过向公司设立的内部员工银行贷款来购买股票[⊖]，以解决新员工没有足够的购股资金的问题。随着公司效益的提升，员工持股制度演变成了一种重要的激励制度，与工资、年终奖金、安全退休金等一起共同构成了华为的薪酬体系。

需要指出的是，华为员工所持的股份，从一开始就是“虚股”。员工所持股份在退出公司时按照购股之初的原始价格回购，员工也不享有作为股东对股票的溢价权，也不享有公司法中股东所能行使的其他权利。但这部分的规定大多来自国家政策，并非华为特意为之。

第二阶段：正式建立虚拟股制度（2001 ~ 2012 年）

1998 年之后，华为开始了国际化的道路。为了进一步规范员工持股机制，华为公司高层赴美考察期权激励和员工持股制度，一种名为虚拟股的激励制度进入其视野。虚拟股的体系当中，明确了持股人没有所有权、表决权。随后，华为聘请外部咨询机构设计了虚拟受限股体系。

2001 年 1 月，《深圳市公司内部员工持股规定》正式出台，对员工持股做了更多细致规定。2001 年 7 月，华为公司股东大会通过了股票期权计划，推出了《华为技术有限公司虚拟股票期权计划暂行管理办法》，并再次得到深圳市体改办批复同意。

虚拟受限股是华为授予员工的一种特殊股票。虚拟股的体系当中，明确了拥有虚拟股的持股人可以获得一定比例的分红，以及虚

⊖ 1997 年《深圳市国有企业内部员工持股试点暂行规定》中“第十五条 员工购股的资金来源由个人出资，可采取以下三种方式：（一）个人以现金出资购股；（二）由公司非员工股东担保，向银行或资产经营公司贷（借）款购股；（三）可将公司公益金划为专项资金借给员工购股，借款利率由公司股东会或产权单位参照银行贷款利率自行决定。”这一担保给贷款的规定，2014 年被银监会叫停。

拟股对应的公司净资产增值部分，没有所有权、表决权，也不能转让和出售。在员工离开企业时，股票只能由华为公司工会回购。

华为公司的虚拟股体系没有公开市场的价格体系参照，采取的是每股净资产的价格，相关净资产的计算参照四大审计师事务所之一的毕马威公司的审计报告。但具体的计算方式并不公开，即使华为的高层员工也不得而知。

1997 年改制时，华为公司和华为新技术公司的股东会议决定，两家公司员工所持的华为公司股份分别由两家公司工会集中托管。1999 年 6 月，华为公司两家股东——深圳市华为技术有限公司工会和华为新技术公司工会，分别持有 88.15% 和 11.85% 的股份。

2000 年 12 月，华为公司董事会决定，将华为新技术公司工会持有的 11.85% 的股权并入到华为公司工会，任正非独立股东的地位在这次董事会上也第一次得到确认。华为公司将任正非所持的 3500 万元股份单独剥离，并在工商局注册登记，他单独持有 1.1% 的股份，其余股份全部由华为公司工会持有。

对于华为公司的员工持股管理，其年报称：持股员工通过选举产生股东代表，通过股东代表大会行使其应有的权利。而华为控股的公司章程也明确：公司最高权力机构为股东会，并具体写明关于召集股东会议的方式与步骤。

华为的员工持股管理机制一直在国家政策规定的范围内顺势而为。1997 年的试行规定中要求“内部员工持股是指公司内部员工个人出资认购本公司部分股份，并委托公司工会持股会进行集中管理的一种新型的公有制产权组织形式。”只有小规模、人数少的企业可以自然人持股，不设员工持股会。2001 年的允许以自然人身份持股，同时规定董事、总经理等持股份不能超过员工平均持股额的 15%。

由这些规定可以看到，华为的制度调整，目标清晰，逐步向国际接轨，而且紧跟政策，避免风险，既保证创始人控制权，又保证运作无政策风险。

对于虚拟股的回购程序，华为公司曾经规定过回购的比例，每年不能超过总数的25%，在公司困难阶段，不能回购股票。

推出虚拟受限股之后，华为公司员工所持有的原股票被逐步消化吸收转化成虚拟股，原本就不具实质意义的实体股明确变为虚拟股。

当时，有两个有利条件助推其在风平浪静之中完成了体量巨大的实体股到虚拟股的转变：一是，当时正值网络泡沫破灭之时，华为公司正经历历史上的第一个冬天，许多员工对公司股票的价值期望不高，且分红收益较低。二是，任正非当时鼓励大批员工“辞职再回岗”以便完成股票回购，包括董事长孙亚芳也参加了这一计划。而包括李一男在内的一批华为资深员工陆续离职创业，他们手中的股票也被回购到工会手中。

2002年春节之后，华为颁布的股权转换协议中明确规定，只有在规定时间内自愿签署股权转换协议，将自己手中的“内部股”转换成为“虚拟受限股”之后，才有权享有虚拟受限股2.64元/股的权益，转换协议中同时附带了与“内部股”不同的约束条款。因此，要获得虚拟受限股，必须具备两个必要条件：一是时间条件，必须是2001年12月31日之后离开公司的；二是必须签订股权转换协议。

虚拟受限股简介

虚拟受限股是美国玫琳凯公司最先设计使用，现在在各国运用比较普遍的一种股权激励方式之一。虚拟受限股是公司授予激励对象一种“虚拟”的股票，激励对象可以据此享受一定数量的分红权和股价升值收益。如果实现公司的业绩目标，则被授予者可以据此享受一定数量的分红，但没有所有权和表决权，不能转让和出售，在离开公司时自动失效。公司在支付收益时，既可以支付现金、等值的股票，也可以支付等值的股票和现金组合。虚拟受限股制度通过让持有者分享企业剩余索取权，以此来达到将他们的长期收益与企业效益挂钩的目的。

虚拟受限股与股票期权的异同

二者的相似之处：股票期权是一家公司授予其员工在一定的期限内（如 10 年），按照特定的价格购买一定份额的公司股票的权利。虚拟受限股的一些特性和操作方法与股票期权很相似，如激励对象和公司在计划施行前签订合约，约定给予虚拟受限股的数量、兑现时间表、兑现条件等。

二者的不同之处：虚拟受限股并不等于股票期权，二者存在着一些不同之处。首先，相对于股票期权，虚拟受限股并不是实质上认购了公司的股票，它实际上是获取企业的未来分红的权利。其次，在虚拟受限股的激励模式中，其持有人的收益是现金或等值的股票，而在企业实施股票期权的情况下，企业不用支付现金，但个人在行权时则要通过支付现金获得股票。最后，虚拟受限股与股票期权的报酬风险不同。只要企业在正常盈利条件下，虚拟受限股的持有人就可以获得一定的收益，而股票期权只有在行权之时股票价格高于行权价，持有人才能获得股票市价和行权价的价差带来的收益。

虚拟受限股优点

1. 不实际影响或改变公司股权结构。虚拟受限股实质上是一种享有企业分红权的凭证，除此之外，持有人不再享有其他权利，因此，虚拟受限股的发放不影响公司的总资本和股本结构。

2. 具有内在的激励作用。虚拟受限股的持有人通过自身的努力去经营管理好企业，使企业不断地盈利，进而取得更多的分红收益，公司的业绩越好，其收益越多。

3. 虚拟受限股实施成本低。虚拟受限股的实施、兑现仅在企业内部进行，由董事会指定会计公司进行资产核算、效益分析、价格约定涉及外部环境少，便于约束和控制，成本相对其他股权激励方式大大降低。

4. 真实反映经营绩效。虚拟受限股仅在企业账面上反映出来，避免了以不断变化的股价为标准去衡量企业经营业绩，能够真实地反映出经理人的工作业绩。

虚拟受限股风险点

激励对象可能因考虑分红，减少甚至不实行企业资本公积金的积累，而过分地关注企业的短期利益。另外，在这种模式下的企业分红意愿强烈，导致公司的现金支付压力比较大。因此，虚拟受限股激励模式比较适合现金流量比较充裕的非上市公司和上市公司。

华为虚拟受限股的发展历程

从固定的股票分红到虚拟受限股（2001 ~ 2002 年）

2001 年，正值网络经济泡沫时期，IT 业融资出现空前困难。华为受到相关影响迎来发展历史上的“第一个冬天”，此时华为开始实行名为“虚拟受限股”的期权改革：新员工不再派发长期不变 1 元 1 股的股票，而老员工的股票也逐渐转化为期股，期权的行使期限为 4 年，每年兑现额度为 1/4，即虚拟受限股，固定的分红将不再是员工从股权中获得的最大收益，公司净资产的增值部分成为期权所对应的红利。

虚拟受限股 2.0（2003 ～ 2008 年）

2003 年，尚未挺过泡沫经济的华为又遭受“非典”的重创，出口市场受到影响，与思科之间存在的产权官司直接影响华为的全球市场，同时由于 3G 业务发展速度低于预期，公司资金较为紧张。

在此情况下，华为实施了与以前每年例行的配股方式有明显差别的配股方案：一是配股额度很大，平均接近员工已有股票的总和；二是兑现方式不同，往年积累的配股即使不离开公司也可以选择每年按一定比例兑现，一般员工每年兑现的比例最大不超过个人总股本的 1/4，对于持股股份较多的核心员工每年可以兑现的比例则不超过 1/10；三是股权向核心层倾斜，即骨干员工获得配股额度大大超过普通员工。

另外，此次配股规定了一个 3 年的锁定期，3 年内不允许兑现，如果员工在 3 年之内离开公司的话则所配的股票无效。虚拟受限股由华为工会负责发放，每年华为会根据员工的工作水平和对公司的贡献，决定其获得的股份数。华为同时也为员工购买虚拟股权采取了一些配套的措施：员工本人只需要拿出所需资金的 15%，其余部分由公司出面，以银行贷款的方式解决。

饱和配股（2008 ～ 2012 年）

2008 年，由于美国次贷危机引发的全球经济危机给世界经济发展造成重大损失。面对本次经济危机的冲击和经济形势的恶化，华为又推出新一轮的股权激励措施。2008 年 12 月，华为推出“配股”公告，此次配股的股票价格为每股 4.04 元，年利率逾 6%，涉及范围几乎包括了所有在华为工作时间一年以上的员工。

这一次华为调整配股方式，开始施行“饱和配股制度”。具体做法是，以级别和考核为主要依据，设定单个员工的当年虚拟股配股数，同时，也会根据级别设定该级别员工的虚拟股总量上限。而员工拥有虚拟股实际数量，占可配股总量上限的比例，称为“饱和率”。

所以，饱和率成为员工关心的一个重点，而要调整上限，最直接的办法，就是调整职级。要调整职级，就首先要成为所谓的奋斗者（后面我们会详细展开），一环套一环。

由于这次配股属于“饱和配股”，即规定员工的配股上限，每个级别达到上限后，就不再参与新的配股。这意味着不同工作级别匹配不同的持股量，比如级别为 13 级的员工，持股上限为 2 万股，14 级为 5 万股。大部分在华为总部的老员工，由于持股已达到其级别持股量的上限，并没有参与这次配股。这一规定也让手中持股数量巨大的华为老员工们配股受到了限制，给新员工的持股留下了空间。

之前有业内人士估计，华为的内部股在 2006 年时约有 20 亿股。按照上述规模预计，此次的配股规模在 16 亿 ~ 17 亿股，因此是对华为内部员工持股结构的一次大规模改造。这次的配股方式与以往类似，如果员工没有足够的资金实力直接用现金向公司购买股票，华为以公司名义向银行提供担保，帮助员工购买公司股份。

华为此次配股缓解了资金压力：华为虚拟股制度实行之后，以内部融资的形式获得了大量的资金，从 2004 年到 2014 年，华为员工以购买虚拟股的形式通过华为工会增资超过 260 亿元。另外，经过 10 年的连续增发，华为虚拟股的总规模已达到惊人的 98.61 亿股。

另外，华为不断优化配股机制，使绩效（期股）与职位等级挂钩，进一步完善了绩效分配机制，促使员工更加努力工作。以 2010 年为例，股票购买价格为 5.42 元，每股分红 2.98 元，收益率超过 50%。

简评华为特色的虚拟受限股

华为的员工持股有其显著的特色。首先，由于虚拟的性质，任正非先生对公司的控制权能够得到确保。其次，坚持高分红、低股价。由于把大部分利润用于分红，这样可以使得股价处于较低的水平，在配给新员工的时候，可以使新员工购股的成本较低。

最后，相对于上市公司要受制于各种制度的羁绊，华为的员工配股操作要方便得多。通过灵活地向新员工配股、设置饱和上限等做法，可以激励创造价值的新生力量，同时驱动公司业绩的持续增长。

但是对于华为的员工持股计划，其他企业难以效仿。目前，以内部员工购股的方式来形成员工持股计划，可能会被定性为内部（非法）集资。华为的实践当时得到了深圳市特区体改委的红头文件的允许，但后来这样的做法不再被法律允许。

从激励的角度看，员工出资购买股票与公司直接配股的效果是不同的，前者显然会让员工更关心公司的业绩。在之前的操作中，华为为员工提供担保，银行给员工贷款用来购股。但在 2014 年，银监会叫停这一做法，由于新员工购股的财力有限，原有的机制受到很大冲击。由此我们推断，这也是华为 TUP 计划推出的一大原因。

第三阶段：TUP 计划（2013 年至今）

尽管虚拟股制度具备了相当的灵活性，但依然有避免不了的缺点。任正非就曾多次批评现有的虚拟股制度下，财富过度集中到部分人手中的问题。在虚拟股制度的架构中，随着工作年限的提高、职位的晋升，财富已经越来越集中在华为的中层手中，导致基层员工无法公平分享利益。为了对现有的激励分配制度做一定程度的调整，解决当前虚拟股制度带来的问题，华为于 2013 年推出的名为

“时间单位计划”（Time Unit Plan）的外籍员工持股计划，2014 年在中国区全面推广。

华为官方并未对正在推广的该计划做出明晰的解释，但可以通过公开的报道资料来画出 TUP 计划基本的轮廓：每年根据员工的岗位及级别、绩效，给员工配一定数量的期权，期权不需要员工花钱购买，5 年为一个结算周期。

华为外籍员工工作两年后将拥有持股资格，这项计划依然属于虚拟股范畴，受激励员工并不能真正拥有该公司股权，但可以借此获得分红权和股价升值收益。例如：

2014 年，华为给某员工配 10 000 股，当期股票价格为 5 元 / 股，当年没有分红权。

2015 年，此员工可以获取 10 000 × 1/3 分红权。

2016 年，此员工可以获取 10 000 × 2/3 分红权。

2017 年，此员工可以全额获取分红权。

2018 年，此员工可以全额获取分红权。同时进行股票值结算，如果当年为 8 元 / 股，则第五年该员工能获取的回报是：2018 年分红 +10 000 ×（8–5）。2018 年年底，这 10 000 股进行清零。

随着 TUP 计划的开展，员工不再会有用现金购买股票的压力，对增值也会比较关心，因为 5 年结算时也会有收益。

TUP 计划有助于破除饱和配股机制的弊端。饱和配股增加了华为员工的凝聚力，为员工的贡献提供超额的回报，分享公司长期的价值增长。但其弊端也非常明显，股票的高额回报有可能助长员工惰怠的思想。由于配股的持有期限是无限期的，一旦获取之后，其实它未来的收益与每一个人未来长期的贡献没有那么强的相关性。

因此，TUP 改革是华为一项非常重要的改革。从长远看，现有股票也会逐步转为有 5 年期限的期权。如果能够顺利实施，这也可以真正激活那些躺在功劳簿上分享公司收益的老员工，不奋斗也能拿高分红的日子将不再持续。

当前华为的 TUP 计划还没有明确、详细的方案，华为内部人员曾经描述过 TUP 改革的大致方案：①逐步取消股票，21 级以上 5 年内不得兑换，19 ~ 21 级 3 年内不得兑换；②股票溢价 50% 回购，回购股票后配置对应的 TUP，时限 5 年；③后续不再配股，全部按照 TUP 实施。

价值分配是管理的核心

华为的员工持股实践虽然出自任正非朴素的思想，但却与前沿管理理念暗合。时隔近 20 年，我们再回过头去看可能是中国企业最为知名的企业文化纲要《华为基本法》，不得不惊讶于华为管理理念的领先。

《华为基本法》从 1995 年萌芽，到 1996 年正式定位为管理大纲，再到 1998 年 3 月审议通过，历时数年。这一文件对于华为的发展意义重大。《华为基本法》分为“宗旨、经营政策、组织政策、人力资源、控制政策、修改法”等篇章，在宗旨篇的第一部分“核心价值观”中，就包括题为“利益”的内容：（第五条）华为主张在顾客、员工与合作者之间结成利益共同体。努力探索按生产要素分配的内部动力机制。我们决不让雷锋吃亏，奉献者定当得到合理的回报。

而在《华为基本法》“价值的分配”当中，更是对价值的创造和分配，提出了纲领性的原则。

《华为基本法》之“价值的分配”

（价值创造）

第十六条 我们认为，劳动、知识、企业家和资本创造了公司的全部价值。

（知识资本化）

第十七条 我们是用转化为资本这种形式，使劳动、知识以及企业家的管理和风险的累积贡献得到体现和报偿；利用股权的安排，形成公司的中坚力量和保持对公司的有效控制，使公司可持续成长。知识资本化与适应技术和社会变化的有活力的产权制度，是我们不断探索的方向。

我们实行员工持股制度。一方面，普惠认同华为的模范员工，结成公司与员工的利益与命运共同体。另一方面，将不断地使最有责任心与才能的人进入公司的中坚层。

（价值分配形式）

第十八条 华为可分配的价值，主要为组织权力和经济利益；其分配形式是：机会、职权、工资、奖金、安全退休金、医疗保障、股权、红利以及其他人事待遇。我们实行按劳分配与按资分配相结合的分配方式。

（价值分配原则）

第十九条 效率优先，兼顾公平，可持续发展，是我们价值分配的基本原则。

按劳分配的依据是：能力、责任、贡献和工作态度。按劳分配要充分拉开差距，分配曲线要保持连续和不出现拐点。股权分配的依据是：可持续性贡献、突出才能、品德和所承担的风险。股权分配要向核心层和中坚层倾斜，股权结构要保持动态合理性。按劳分配与按资分配的比例要适当，分配数量和分配比例的增减应以公司的可持续发展为原则。

（价值分配的合理性）

第二十条 我们遵循价值规律，坚持实事求是，在公司内部引入外部市场压力和公平竞争机制，建立公正客观的价值评价体系并不断改进，以使价值分配制度基本合理。衡量价值分配合理性的最终标准，是公司的竞争力和成就，以及全体员工的士气和对公司的归属意识。

华为认为，价值创造的四个要素是：劳动、资本、企业家和知识。任正非先生认为这是一大突破。“在华为公司，一个突破性的观点就是认为劳动、知识、企业家和资本共同创造了企业的全部价值。华为公司为了建立它的价值分配体系，必须在理论上对价值创造的要素做新的确认。这种确认实际上突破了古典经济学价值创造的理论，突破了我们所谓一般意义上的劳动创造价值的理论，那么，这个突破就为它的价值分配系统的设计奠定了基础。”

曾参与《华为基本法》起草、后来扎根于华为成为首席管理科学家的黄卫伟教授对此进行过解读，他更多将员工作为“劳动”的要素参与到价值创造当中。实际上华为的员工更应该被视为“劳动”和“知识”要素的综合，也就是德鲁克提出的“知识工作者”。

但无论如何，华为无论在之前介绍的员工持股制度当中，还是在后面将要介绍的获取分享制当中，都是牢牢基于价值创造和价值分配的原则，建立起高效的激励和分享机制。

1996年，中国人民大学吴春波教授提出了“全力地创造价值、科学地评价价值、合理地分配价值”的管理理念，被华为采纳沿用至今。今天，华为人力资源管理的框架就是：以奋斗者为本，由价值评价、价值分配和人力资源流动共同构成华为人力资源管理体系。

价值评价和分配成为华为管理的核心。

任正非先生说过："一个企业的经营机制实质上是一个利益驱动机制，企业的价值评价系统要合理，价值分配系统合理的必要条件，是价值评价公平性，而价值评价系统要合理，是以企业的价值观、企业的文化为基础，价值评价的原则要向奋斗者和贡献者倾斜。"

以奋斗者为本

从 IBM 的创始人沃森等优秀企业家的自传中可以发现，取得成功的企业，有一个始终不变的东西，就是它的核心价值观。比如在 IBM，客户至上、追求卓越的理念贯穿于数十年的发展历程中。这些朴素的理念，建立了优秀的企业。

华为的核心价值观中其实有四句话："以客户为中心，以奋斗者为本，长期艰苦奋斗，坚持自我批判"。这四句话极度凝练，而里面的内涵又极其丰富和深刻。在华为，人力资源所有的相关工作都是围绕着核心价值观展开的，核心价值观是人力资源政策内在一致性的主线。华为核心价值观与人力资源工作的内在联系就是以奋斗者为本。

在 2011 年饱和配股讨论中，任正非界定了华为普通劳动者与奋斗者的区别。

按照我对人力资源对象的政策理解，我将人力资源对象分成三类：

第一类，为普通劳动者，暂时定义为 12 级及以下为普通劳动者。

我们应该按法律相关的报酬条款，保护他们的利益，并根据公司经营情况，给他们稍微好一点的报酬。这是对普通劳动者的关怀。

第二类，一般的奋斗者。我们要允许一部分人不是积极的奋斗者，允许他们想小家庭多温暖啊，每天按时回家点上蜡烛吃饭呀，对这种人我们可以给予理解，这也是人的正常需要。

刚好我们就有一个小岗位在这个地方，那他可以坐上这个位置，踏踏实实做好小职员。对于这一部分人，我们有适合他的岗位可以给他安排，如果没有适合的岗位，他可以到社会上去寻求。只要他们做出的贡献，大于支付给他们的成本，他们就可以在公司存在。或许他的报酬甚至会比社会其他企业给予他的报酬稍微高一点。

第三类，就是有成效的奋斗者，他们要分享公司的剩余价值，我们需要这些人。分享剩余价值的方式，就是奖金与股票。这些人是我们事业的中坚，我们渴望越来越多的人走进这支队伍。

任正非运用热力学说第二定律来阐述长期艰苦奋斗不可能自发实现。按照热力学第二定律的观点，自然界不可能将低温自动地传导到高温物体，必须有动力才能完成这种逆转。人的天性是在富裕以后会怠惰的，但这种自发的趋势是可以通过人的主观能动性和管理来改变的。因此，组织的责任就是逆这种自发的趋势而动，以利益分配为驱动力，反对怠惰的生成。

任正非还说：

公司的价值分配体系要向奋斗者、贡献者倾斜，给火车头加满油……我们要敢于打破过去的陈规陋习，敢于向优秀的奋斗者、成功的实践者、有贡献者倾斜。在高绩效中去寻找有使命感的人，如果他确实有能力，就让他小步快跑。差距就是动力，没有温差就没有风，没有水位差就没有流水……我主张激励优秀员工，下一步我们效益提升就是给火车头加把油，让火车头拼命拉车，始终保持奋斗的热情……人力资源体系就是要做到如何导向队伍去奋斗。

获取分享制

黄卫伟教授在《以奋斗者为本》一书中提到：员工持股制曾经推动了华为的发展，但如今已经成为发展的枷锁。前面我们已经做了分析，员工持股制度大大激发了员工的积极性，但由于制度固有的缺陷，也会导致既得利益者和懈怠者的大量出现，损害组织的活力。关于这个方面，华为轮值 CEO 胡厚昆曾经有一段详细的论述：

在我们公司对员工的激励政策中，饱和配股是很重要的一部分，是非常大的一部分。这种激励手段本身有利也有弊。这么多年来，公司的饱和配股增加了员工的凝聚力，给员工的贡献提供了超额的回报。这个高额的回报就是不仅仅给员工劳动回报，还与员工分享公司长期的价值增长。

它的弊在哪里呢？从客观上讲，股票的高额回报有可能助长员工惰怠的思想。我们必须承认这一点。虽然我们将饱和配股叫作长期激励，但是这个长期到底有多长？其实仔细看一下我们的饱和配股政策，我们的长期可是无限期的长。员工获得的饱和配股是从哪里来的呢，实际上，饱和配股来自对每一年劳动绩效的评估。

每年的劳动绩效结果出来后，我们会根据大家的岗位贡献，根据绩效，给予大家饱和配股的额度，这个额度一旦获取之后，其实它未来的收益与我们每一个人未来长期的贡献没有那么强的相关性。

更坦率地讲，一旦获得以后，有可能一劳永逸地吃大锅饭。事实上，在我们的组织里，有很多员工就是在吃这种大锅饭。那么在未来我们的激励政策中，我们如何让激励政策真正覆盖到奋斗者身上，而不是覆盖到不愿意奋斗的人身上。不愿意奋斗的人，我们给他的激励越多，他的惰性越强，个体的惰性越强，对整个组织的惰性的影响就越大。

因此，在整个人力资源政策中，如何把奋斗者和不奋斗者很好地识别出来，是我们需要解决的一个课题。所有的文件都只能作为一个指引，文件执行得如何最终要靠我们每个主管自己把握好，这是我们大家共同的课题。

为了解决这个问题，华为进行了多管齐下的尝试：一方面在（中）长期激励上，希望通过TUP计划逐渐替代原有的虚拟股机制，另一方面则通过获取分享制的实施，近乎重新设定价值分配规则。

支撑“班长的战争”

尽管无法找到非常详细的资料，但结合对华为近年来业务发展、组织调整的梳理，我们认为获取分享制的推出，首先是与组织架构的调整相适应。

早在2009 ~ 2010年，任正非先生就在多次内部讲话中提出，“应该让听得见炮声的人来决策。”华为整个组织要实现从以技术为中心到以客户为中心的转型，过去的组织和运作机制是“推”的机制，现在要将其逐步转换到“拉”的机制上去。基层作战单元在授权范围内，有权力直接呼唤炮火，后方变成系统支持力量，必须及时、有效地提供支持与服务。

组织的转型是漫长的。直到2014年，轮值CEO胡厚昆提出“班长的战争”，任正非对此做了进一步的解读，认为“班长的战争”是指挥权和项目决策权下移，项目指挥权应该在区域，事业部群（BG）作为资源中心支撑作战。

获取分享制是指使任何组织与个人的物质回报都来自其创造的价值和业绩，作战部门（团队）根据经营结果获取奖金，后台支撑部门（团队）通过为作战部门提供服务分享奖金。由此，华为实行

“自下而上”的物质激励方式，倾向对基层业务单元的直接激励，并同时强化后台对前台一线的支撑力度，加强前后台岗位配合和流程效率提升，实现前后台业绩挂钩。

人力资本分享更多价值

任正非在2014年华为激励导向和激励原则汇报会上谈道：“落实获取分享制，管理好员工的分配结构，关注到公司的每个角落，让人人都能分享到公司成长的收益。这首先要求薪酬激励要提高合理性，不能通过股票大量分红来过度保障退休员工的收益，而是要切实保障作战队伍获得大量的机会。”

他用了一个形象的比喻来阐述自己的想法：“要管理好拉车人和坐车人的分配比例，让拉车人比坐车人拿得多，拉车人在拉车时比不拉车的时候要拿得多。”

在此原则下，华为进一步达到“以奋斗者为本”，让真正创造价值的人获得更加合理的回报。

任正非说：

员工的货币资本所得（指员工获得虚拟受限股所带来的收益）管理要考虑员工过去的劳动回报，在当时历史条件下做出的贡献，不能用今天来否定过去；而员工的人力资本所得（指员工获得的工资性薪酬、年度奖金和TUP等累计的总收益）管理更需要看现实表现。

要管理好员工人力资本所得和货币资本所得的分配结构，货币资本所得保持合理收益即可，其他收益全部给人力资本所得……这样，让拉车的人比坐车的人拿得多，‘获取分享’的价值分配理念驱动公司长期健康发展。

结束语：重塑人与资本的关系

进行利益分享的公司有很多，但将之视为管理的核心并写入公司文化纲要的非常少；将利益分享写入文化纲要的公司有很多，但像华为这样真正坚持分享的公司，也非常少。华为的实践是与理论结合的典范。

华为的实践具有自身的独特性，很难被模仿。万科在实施事业合伙人的时候也提到，股权的分散是事业合伙人机制得以建立的基础之一。华为在利益分配当中向人力资本的倾斜，也得益于在创业初期没有过于强大的资本力量。但能够在创业初期就提出知识资本化，无论如何，都是一项非常具有前瞻性的决策。而且随着公司利益分享结构的复杂化，任正非提出的“让货币资本获得合理的回报，向人力资本倾斜”的原则，更是体现了华为一以贯之的价值分配理念。

在这一点上，华为与万科惊人的相似。万科董事会秘书谭华杰在解读万科事业合伙人制度时表示，万科试图建立知识时代的企业分配机制。在传统的企业分配机制中，工资是企业的成本，扣除工资后的收益是企业的剩余，其中小部分作为股权激励分配给员工，大部分则作为企业利润分配给了股东。

在知识时代，作为知识资本的合伙人的地位，将与传统的货币资本并驾齐驱。因此，万科将股东收入分成两部分：一部分是作为股东必须要获得的基本收益；另一部分则是股东承受更高风险所要求的更高收益风险溢价。在这样的模式下，合伙人向股东购买资产，股东的基本收益对合伙人而言是一项成本。企业的剩余由合伙人和股东共同分享。

在知识时代，劳动（知识）雇用资本。

第 5 章

海尔：企业平台化，员工创客化

ENTERPRISE
PARTNER

|引言| 除了激励机制的重新设计之外，要从根本上解决组织动力、人员活力的问题，还要回到组织设计中。毋庸置疑，在划小经营单位、激发一线活力方面，京瓷的阿米巴经营和海尔的人单合一模式是我们学习的标杆。

京瓷的阿米巴经营和海尔的人单合一模式有相似之处，同时也有很多不同。相似之处包括上面说的激发一线活力、重视管理会计等，而不同之处，则在于京瓷更多依赖内部核算和企业文化的力量，海尔则走得更远，力图建立符合互联网时代的组织。从自主经营体到小微，海尔把组织打碎的表面背后，是知识社会和互联网时代，组织与员工的关系的颠覆。

阿米巴经营：激发员工的企业家精神

2010 年 1 月 19 日，全亚洲最大的航空公司日本航空公司申请破产，其负债高达 165 亿美元。2012 年 9 月，日本航空公司在距离破产仅两年半后就成功实现了再上市，创造了一个不小的奇迹。背后的“魔术师”，就是曾经白手起家创造京瓷和 KDDI 两家世界 500

强企业的稻盛和夫。

日航如何扭亏为盈？

根据稻盛和夫在广州的演讲，从2011年春天开始，日本航空公司导入了阿米巴经营。这个时候发生了空前规模的东日本大地震，导致旅客人数大幅下降。尽管如此，在随后的第四期决算当中，日本航空公司仍然确保了盈利。“我想说的是阿米巴经营在日本航空公司的经营改善中正在发挥着巨大的作用。”

正是因为稻盛和夫采取的有力举措，日本航空公司在宣告破产重建后的第二年，实现了扭亏为盈。在获准上市的前一天，日本航空公司宣布，第二季度的净利润高达269亿日元。

阿米巴经营的由来

什么是阿米巴经营？在京瓷公司成立5年后的1964年，为了保持公司的发展活力，稻盛和夫独创阿米巴经营方式。阿米巴经营是指将组织分成小的集团，通过与市场直接联系的独立核算制进行运营，培养具有经营意识的管理者，让全体员工参与经营管理。⊖

划小经营单位

创办京瓷之初，研发、生产、销售、管理等所有的部门都由稻盛和夫直接指挥，一个人同时扮演各种角色，分身乏术。据说稻盛和夫受到了《西游记》的启发，“如果能像孙悟空一样，只要拔一根汗毛吹一下，马上就能够造出许多自己的分身，而且只要给他们下

⊖ “阿米巴”（Amoeba）在拉丁语中是单个原生体的意思，属原生动物变形虫科，虫体赤裸而柔软，其身体可以向各个方向伸出伪足，使形体变化不定，故而得名“变形虫”。变形虫最大的特性是能够随外界环境的变化而变化，不断地进行自我调整以适应所面临的生存环境。

命令就行了。”

比如某陶瓷产品有混合、成型、烧结、精加工四道工序，就将这四道工序分成四个“阿米巴”，每个“阿米巴”都像一个小企业，都有经营者，都有销售额、成本和利润。“阿米巴经营”不仅考核每个“阿米巴”的领导人，而且要考核到每个“阿米巴”人员每小时产生的附加价值。这样就可以真正落实“全员经营”的方针，发挥企业每一位员工的积极性和潜在的创造力。另外，“阿米巴”可以随环境变化而“变形”，具有适应环境的灵活性。

划小经营单位，是阿米巴经营最显著的特点。作为企业的领导者，要把握整个公司的销售和费用，可以按照销售最大、费用最小的原则来开展经营。但是对于各个部门而言，由于组织的复杂性，他们对于经营的关注是天然不足的。要解决这个问题，必须要划小经营单位。

阿米巴背后的管理会计

稻盛和夫曾经说过，不懂会计就无法成为经营者。若想实现成功的阿米巴经营，划小经营单位只是第一步，更需要借助管理会计的方法，使得经营结果可视化，进而才能培养出更多具有企业家精神和经营意识的管理者。

在日本常常有这样的一句话，中小企业就像脓包一样，变大了就会破掉。这意味着，组织越大，就越难以掌握企业的实态，越难以弄清楚企业损失浪费的情况，也就无法下手进行必要的经营改善。

大到跨国公司，小到一家食品店，都遵循相同的规律。比如一家卖蔬菜、鲜鱼、筋肉以及各种各样的加工食品的食品店，如果只是进行笼统的核算，我们对于究竟哪种食品赚了多少钱是不太明白的。即使笼统计算是赚钱的，但实际上可能结果会是只是蔬菜赚了钱，鲜鱼还是亏损的。如果能够核算清楚，就会对鲜鱼的经营进行改进，这样才能促进商店的健康发展。

企业也一样，需要用财务数据将复杂的经营状况反映出来。如果把经营比喻为驾驶飞机，会计数据就相当于驾驶舱仪表上的数字，经营者相当于机长，仪表必须把时时刻刻变化着的飞机的高度、速度、姿势、方向正确及时地告诉机长。如果没有仪表，机长就不知道飞机现在所在的位置，就无法驾驶飞机。经营者不懂会计，就无法了解真实的经营状况，那企业离破产就不远了。

管理会计与财务会计是不同的

稻盛和夫从经营的本质出发，对传统的财务会计提出质疑，并根据自己朴素的需求，建立起适合阿米巴经营的管理会计体系。他认为，会计不能仅仅在事后反映经营的结果，无论结算处理多么正确，但如果不能及时报告，经营者就无法下手协调经营。会计数据如果不能简洁并及时表达企业当前的经营状况，对于经营者来说就没有任何意义。

因此，在会计核算当中，他不拘泥于规范，喜欢打破常规。在《稻盛和夫：阿米巴经营》当中，他举了折旧的例子。在会计常识上，使用年数按照所谓“法定使用年数”计算。新型陶瓷粉末成型设备的使用寿命规定为 12 年。按照稻盛和夫的经验，新型陶瓷设备如果 24 小时连续运转，即使精心地维护保养，至多也就能使用五六年，因此折旧年限应该按设备能够正常使用的年数来确定。

如果在结算处理上按 6 年折旧，前面 6 年折旧费增加，利润减少，但计算税金时又要按法定使用寿命 12 年折旧，结果是利润减少税金却不减，变成有税折旧。即便如此，稻盛和夫认为，就是付税也应该折旧。事实上发生的费用不计入成本，从而增加当期利润，这种做法既违反经营原则，也违反会计原则。管理会计上的创新，是支撑阿米巴经营的关键支柱之一。

阿米巴经营的目的

通过阿米巴经营的方式，稻盛和夫实现了以下三个目的。

将内部经营与市场情况紧密挂钩

大多数制造企业都是由财务部门进行事后的会计处理，成本等的数据都是事后才计算出来的。但是市场价格是不断变化的，以过去的成本作为依据，就会与实际的经营相互脱节。通过建立会计核算体系，把整个组织按照实际的需要分割成阿米巴，每个阿米巴都能够及时地掌握销售和费用等经营实际情况，并对自己的运营进行调整。

阿米巴经营能够将市场变化的压力直接传递到公司内部的各个阿米巴。通过将内部经营与市场情况紧密挂钩，即使市场价格大幅下降，售价的下落也会立即反映到各个阿米巴枝干的买卖价格上，此时各个阿米巴就会闻风而动，立即采取降低费用等一系列措施。

培养具有经营意识的人才

作为最高领导者，稻盛和夫强烈地希望出现跟自己一样的人，他们也对经营负责，具备经营者的自觉性和责任感，能够跟自己同甘共苦，一起分担经营的责任。但能够统领大型组织的领导者毕竟是凤毛麟角，这个时候把公司划分为小的作业单位，让各个小单位的负责人来承担各自的经营责任，让他们来进行细致的核算管理。

把企业分割为小的作业单位后，哪怕是只具备普通能力的人，他们也可以进行经营。同时，把公司的组织划分成为小的作业单位，让他们分别成为独立的中小企业一样的形态，那么这些单位的领导人就会具备中小企业经营者那样的经营意识。其结果就是，能够培养出一起承担经营责任的伙伴。

实现以经营哲学为基础的全员经营

阿米巴经营的第三个目的是，实现以经营哲学为基础的全员参加的经营。

稻盛和夫创立京瓷的时候，日本的劳资对立激化。一方面，劳动者只强调自己的权利，往往不愿意去理解经营者的痛苦和烦恼；另一方面，经营者也不愿理解劳动者的痛苦，不注意保护他们的权利。

要消除劳资对立，经营者就要认真理解劳动者的立场，尊重他们的权利，同时必须把劳动者的意识提高到与经营者相同的水平。如果经营者和劳动者具备相同的思维方式、相同的观点，那么劳资对立的问题就一定能够消除。

稻盛和夫提出了让全体员工都能接受、都能认同的企业经营目的和理念：在追求全体员工物质和精神两方面幸福的同时，为人类社会的进步和发展做出贡献。京瓷把追求全体员工物质以及精神的幸福放在第一位，这样的经营理念每个人都能接受，都能够引起共鸣。

由此，员工就会把京瓷当作自己的公司拼命地工作。同时，经营者为了实现员工的幸福，也会全身心地投入到经营当中。其结果是经营者和员工能够成为同志和家族，为同一目的抱持同样的意识，超越经营者和员工各自强调以自我为中心这样对立的结构，从而实现全员参加的经营。

阿米巴背后的经营哲学

国内很多企业学习阿米巴，导入核算体系，但最终成功的极少。原因就是它们忽略了阿米巴的基石，也就是稻盛和夫所说的经营哲学。

1959 年，稻盛和夫创立京瓷公司，当时只有 28 个人。第二年招聘了 10 个高中毕业生，他们工作了一年，突然跑到稻盛和夫那里要求改善待遇，还写下了血书。稻盛和夫将心比心跟这些员工谈话，谈判持续了三天三夜，最后终于说服了对方。

顿悟的时刻

稻盛和夫苦思冥想了几个星期以后，终于明白了："虽然起初我是为了实现一个技术人员的梦想而创办了公司，但是一旦公司成立之后，员工们是将自己的一生都托付给公司。所以公司有更重要的目的，那就是保障员工及其家庭的生活，并为其谋幸福，而我必须带头为员工谋幸福，这就是我的使命。"

这是一个顿悟的时刻。所以后来稻盛和夫把"应在追求全体员工物质与精神两方面幸福的同时，为人类和社会的进步与发展做出贡献"定为京瓷的经营理念。由此，京瓷明确了其存在的意义。员工也把京瓷当作"自己的公司"，把自己当作一个经营者而努力工作。从那时开始，稻盛和夫和员工的关系不是经营者与工人的关系，而是为了同一个目的而不惜任何努力的同志，在全体员工中间萌生出了真正的伙伴意识。

稻盛和夫认为，经营企业最终是经营人才，经营人才的核心是经营人心，当企业规模扩大，员工人数增加，员工的思想统一是企业能够产生合力的基础。阿米巴经营模式虽然将企业划分成很多小经营单元，但是这些小单元不是各自为政，而是有着统一思想的同心力，这个思想就是“京瓷哲学”，这也是阿米巴能否成功的根基和土壤。

一旦失去京瓷哲学来谈阿米巴经营模式，就像是无根之木，最终会走向死亡。

解决矛盾要靠经营哲学

仅仅划小经营单位，进行准确的核算，并不能保证阿米巴经营模式的顺利推行。阿米巴之间因为存在竞争的关系，不可避免地存在矛盾。要解决这样的矛盾，就需要在追求个体利益的同时，能够超越彼此所处立场的不同，就需要能够在高层次上进行判断的正确而坚定的哲学。各位阿米巴长不仅仅是各自部门的利益代表，也是京瓷公司整体利益的代表，他们必须具备这种高层次的哲学。

另外，还需要作为人的带有普遍性的价值观，就是正确而坚定的思维方式。在京瓷，稻盛和夫总是利用各种各样的场合，反复地给大家讲述作为人应有的思维方式。在京瓷这被称为哲学，是用公平、公正、正义、勇气、诚实、忍耐、努力、亲切、谦虚、博爱等朴实的语言来表述的。这也是对作为人，何谓正确这一命题的解答。

在京瓷阿米巴的运用当中，对这种哲学的渗透，反映最为典型的就是薪酬制度。在京瓷，即使某个阿米巴取得了非常突出的业绩，也不会因此而大升工资或给予很多的奖金。如果阿米巴的业绩直接与个人的收入挂钩，那么员工们就会为短期的业绩忽喜忽忧。同时因为不满和嫉妒，使得公司内部的人际关系变得一团糟。所以，在京瓷如果某个阿米巴取得了优异的业绩，就是对整个公司做出了很大的贡献，就能够得到来自其他阿米巴伙伴们的赞赏以及感谢。

在全体员工都能够接受并且引起共鸣的经营理念之下，贯彻做人的正确的准则，这种哲学彻底得到了渗透，全公司的人都能够进行共有。就是这样，阿米巴不是通过用金钱来操纵人心。大多数欧美企业的经营都是依据绩效展开，这是一种冷冰冰的理性，是缺乏人性的做法。与此相反，阿米巴经营是以全员参与的经营，是一种珍视人心的经营体制。阿米巴经营是以哲学为支柱的尊重人性的经营。让员工们感受到自己参与计划，自己亲自经营的喜悦，尊重每个人的劳动价值，这样的经营才是阿米巴经营。

虽然阿米巴生于互联网时代之前，但它在“市场、个人、组织”间构建的独特机制，仍然有助于传统企业考虑互联网时代如何改变。在中国，海尔作为拥抱互联网的先锋，在组织变革领域比京瓷走得更远。

人单合一：人人都是 CEO

2004 年，迎来 20 岁生日时，海尔成为中国第一家营收过千亿元的家电企业。2014 年，海尔 30 岁，海尔集团全球营业额达到 2007 亿元，又成为中国第一家营收过 2000 亿元的家电企业，较同期增长 204 亿元，增幅 11%；实现利润 150 亿元，较同期增长 42 亿元，增幅 39%；利润增长 3 倍于收入增长，创业 30 年来利润复合增长率为 39%；海尔集团线上交易额实现 548 亿元，同比增长 2391%。海尔营收从 1000 亿元到 2000 亿元增长的 10 年中，经历了海尔集团董事局主席、首席执行官张瑞敏持续 9 年的互联网模式创新变革。

在管理创新方面，海尔也许是中国乃至全世界最为先锋的企业。因此，海尔赢得了很多赞誉，也招致了很多质疑。但无论如何，海尔是一家非常有勇气的公司，而且是希望把握互联网时代脉搏的公司，就凭这一点，就值得我们钦佩。

1998 ~ 2005 年，海尔通过在美国建厂、收购意大利工厂开始了国际化战略。与此同时，张瑞敏先生提出了市场链和“人人都成为 SBU”的理念，目的是要把人强行推到市场面前，以破解组织变大之后的效率低下问题。这也为他日后提出“人单合一”打下了坚实的理论基础。

2005 年至今，张瑞敏看到了互联网经济最本质的一面，即以用户为中心。他开始探索互联网时代的管理转型，把精益生产的理念和互联网结合在一起，提出了零库存下的即需即供理念，在组织内推行“人单合一”管理模式，自主经营体、“倒三角”组织等概念也引起人们的广泛关注和讨论。

通过梳理海尔的发展史，我们看到，如何划小经营单位、激发一线活力，一直是海尔探索的方向。这一探索跨越了海尔的整个发展过程，并且随着互联网时代的到来而具有了更加深刻的意义。

市场链与人人都是 SBU

1998 ~ 2005 年，是海尔的国际化发展阶段。2001 年年底，中国正式加入了世界贸易组织，这成为海尔国际化的催化剂。张瑞敏坚信这是一个艰巨的挑战，但也蕴藏着巨大的机会，前提是海尔必须对即将到来的激烈竞争做好充分准备。

在这场前所未有的竞争的冲击下，海尔不要说发展，即使想要存活下来，都需要进行彻底的转型和变革。张瑞敏意识到，在海尔内部的各个事业部以及各个部门之间，实际上存在很多“无形的墙”。它们阻碍了内部的创新，导致海尔无法及时满足客户的需求。最好的解决办法是把每个人都推向市场，与顾客直接接触，使全体员工都能够从客户的角度来了解其服务或产品的价值。

这次变革是海尔向内部市场化机制方向迈出的关键一步，它将利用市场化的机制来重新调整组织的架构。

市场链

海尔重塑商业模式的最初灵感，来自迈克尔·波特的价值链理论。2000 年，张瑞敏先生正式提出市场链理念。随后，构建内部市场链机制成为海尔进行业务流程再造的开始。

在海尔看来，一个运行良好的“以客户为导向的组织”是由一系列增值的流程组成的，它们构成了“市场链”，从最前端的客户一直到企业的后端岗位，所有的流程节点都可以实行联动和增值。每一个单位、每一项操作、每一位员工都可以通过“市场链”直接与客户链接。与此同时，通过业务向内部的延续，员工之间也形成了内部的客户链。比如，设计部门就是环境测试实验室的客户，产品部是基数开发部的客户。这些内部的“交易”也可以像外部的市场一样来运作。合作双方甚至可以通过签订合同的方式来彼此激励和约束。合同条款对具体的合作项目有详细的规定，如期限、规格以及对服务或产品质量的评价，当然也包括在出现延误或质量问题时的处罚等。这些实际上都是“自主经营体”的合同机制的早期形态。

张瑞敏希望推动组织能够打破部门的壁垒，各项工作能够在“市场链”上有效互动和运行。这样就让员工不再忠诚于自己的领导，而是自己的客户。海尔的“市场链”流程再造主要有以下两个特点：

1. 以顾客满意度最大化为目标。海尔通过市场链把终端客户的需求和满意度传递给所有的业务流程和岗位，使得每一个流程都有自己的直接客户，从而可以更快地满足客户的需求。

2. 价值分配市场化。所有人员的收入主要由自己服务的“顾客”（包括外部顾客和内部顾客）来支付，即员工工资多少不由上级说了算，而是完全由市场说了算，实现了价值分配的市场化。

实现这一目标的手段是 SST。所谓的 SST 是指索酬、索赔、跳闸的第一个拼音字母的缩写，其中跳闸是指在订单履行的过程中出现问题时，由利益相关的第三方制约并解决问题。再造后形成的业务流程体系通过索酬、索赔和跳闸手段形成业务流程“市场链”，在每一流程内的上道工序岗位与下道工序岗位通过索酬、索赔和跳闸手段，形成岗位之间的市场链。

个人 SBU

2001 年 1 月，海尔的流程再造进入第二阶段，开始推行战略业务单元（Strategic Business Unit，SBU），实行全员 SBU 经营机制。这一阶段的核心是进一步深化市场链管理机制。海尔的目标是不仅要把所有的部门市场化，还要让每个员工都融入市场链机制中。

海尔的设计思路是将公司的外部目标转化为内部目标，再将内部目标分解为个人目标。每个部门、每个员工的目标完成效果以市场链形式体现，工作指标全部货币化，实施“以市场链工资激励员工把用户的需求作为自己的价值取向，创造性地完成有价值的订单，不能以货币结算的劳动是没有价值的，属于无效劳动”。

每一个员工都需要填写 SBU 损益兑现表，利用这个表格，员工们需要用量化的方式评价自己每天的业绩，比如销售收入、费用等

（见表 5-1）。相应地，他们每天的工资会根据这些数据自动计算出来，这实际上就是员工个人的损益表。

表 5-1　物流推进本部 SBU 损益兑现表

负责人：　　　　　　　　　　　　日期：

一、订单销售收入	预算	实际	差异
加：其他收入			
减：订单销售成本			
二、订单毛利额			
订单毛利率（%）			
减：原材料跌价准备			
其中：1 个月（库龄≤ 3 个月，折 10%）			
3 个月（库龄≤ 6 个月，折 30%）			
6 个月（库龄≤ 1 年，折 50%）			
库龄 > 1 年，折 100%			
材料质量损失			
订单延期交货损失			
工资福利费			
仓储费			
运费			
港杂费			
差旅费			
办公费			
财务费用			
其他费用			
利润			
个人薪酬			

从以市场链为纽带的业务流程再造，到个人 SBU，本质上是寻求将市场经济中的利益调节机制引入企业内部，把企业内部的上下流程、上下工序和岗位之间的业务关系由原来的行政关系转变成平等的服务关系和契约关系，让每个人都成为经营者。

个人 SBU 机制大大增强了员工的“经营”意识。以钢板采购经理为例，原来只负责采购钢板，现在则成为钢板的经营者，收入与 SBU 损益表计算出来的经营成果直接挂钩。

原来，钢板采购经理只考虑采购价格能否降下来，至于采购回来后钢板是否一直存放在港口或仓库、是否发生毁损、是否影响产品质量等问题不关心，因为这些费用最终由物流推进本部承担。现在实施 SBU 损益兑现表考核后，每个钢板采购经理要对他采购的钢板进行全程负责，所有相关的费用支出全部计入其个人的损益表，直接兑现个人薪酬。

这让采购经理的经营意识大大提高。他会时刻关心钢板的各项经营指标，尽可能减少费用支出。例如，钢板进入港口后，采购经理要尽快联系从港口运货，因为晚运一天就要多交一天的港口费用；同时，钢板运回物流中心后又要赶快配送到事业部，晚配送一天，就要多给物流仓库交一天的仓储费，并计提一天的存货跌价损失。

简评

作为海尔最初的尝试，在取得成果的同时，也遇到两个突出的问题。首先是员工往往只专注于决定自己拿多少薪水的 SBU 日清表，而忽略了总体目标。如果各个部门缺乏主动的沟通交流，使所有人共享同一目标是不可能实现的。因此，海尔之后花了很大的力气去建立信息系统来连接整个公司。2005 年，海尔明确提出打造卓越运营的商业模式，启动 1000 天再造计划，建立从目标到目标、从用户到用户的“端对端”的卓越流程。

另外，在市场链机制驱动下，一个事业部或一个部门的目标是它们自身的利益最大化（这直接关乎员工的薪酬），也就是收入最大化、成本最小化。在这样的背景下，对市场和客户的服务则成了次要问题。这样就形成了一种“怎样去签更多的合同和降低内部成本”的游戏，可能导致的结果就是每个部门都在“挣部门自己的钱”，但是这一内部收益无法体现在公司的整体业绩中。这在随后的自主经营体实践中得到优化，面向外部客户成为自主经营体最主要的特点。

人单合一与自主经营体

2005～2012年，海尔组织变革进入新阶段。经过多年实践“市场链”机制，海尔在建立“用户导向型”方面已经有了很好的基础。至2005年开始，海尔开始推行“人单合一”的理念。“人”是指员工，“单”则是指用户，“人单合一”就是员工给用户创造价值的同时实现自身价值，达到双赢的结果。在人单合一的管理实施的过程中，海尔的指导思想是对外创造用户价值，对内把大企业变小，让每位员工都成为CEO。

在“人单合一”模式下，海尔要颠覆传统的组织架构。从2010年起，海尔开始全面推行自主经营体，将之前庞大的组织体系分解为2000多个自主经营体。自主经营体分为三级：直接按“单”定制、生产、营销的一级经营体，为一级经营体提供资源和专业服务的平台经营体以及主要负责创造机会和创新机制的战略经营体。

自主经营体，就是独立自主的运营单位。自主经营体是一个能够实施自我管理的虚拟利润中心，也是海尔SBU模式发展和演变的结果。自主经营体不仅独立核算，也拥有充分的经营决策权：雇用和解聘员工的权力、费用的支配权、奖金的分配权等。每个自主经营体都需要在海尔内部注册和登记，自主经营体之间依照买卖关系、服务关系和契约关系等市场经济规则运作。

自主经营体是海尔人单合一管理的基础，也是实施人单合一管理的基本创新单元。具体而言，自主经营体是以创造并满足用户需求为目标，以相互承诺的契约关系为纽带，以共创、共享价值为导向的组织。

三级自主经营体

在互联网时代，企业应当转变为用户驱动、以用户为中心。因此，海尔提出"倒三角"组织模式，员工从听命领导转变为领导和员工一起听命于用户，领导从给员工下达指令转变成为了满足用户需求为员工提供资源。员工、企业领导及职能部门都通过倒三角的组织指向为客户创造价值的共同目标。

海尔 8 万员工变成了 2000 多个自主经营体，这些小团队就成了企业创新的单元，是企业这个网状组织中的一个节点。他们之间不是靠领导来驱动，而是由共同为用户创造价值这一契约流程来驱动。

海尔的自主经营体分为三种类型 / 级别：一线经营体（一级）、平台经营体（二级）和战略经营体（三级）(见表 5-2)。

一线经营体为所服务的用户创造价值，要求其缴足利润、挣够经营费用、超利分成。同时，根据分工的不同，一线经营体分为市场经营体、型号经营体和线体经营体三类。市场经营体的定位是创造用户需求，为用户提供差异化的解决方案；型号经营体的定位是满足用户需求，为用户制造差异化的产品和服务；线体经营体的定位是提供"即需即供"的供应链服务，在用户需要的时候将产品送达用户要求的地点。

平台经营体为一线经营体提供专业技术服务。战略经营体为所有经营体配置资源。但与传统组织结构不同的是，一级经营体拥有

“倒逼”二、三级经营体获取资源的权力。

表 5-2　海尔的自主经营体

经营体类型	主要角色和职责
一线经营体	识别、创造用户个性化需求 满足用户价值 评价二级经营体 又分为：市场经营体、型号经营体和线体经营体三类
平台经营体	提供即时资源 支持并融入一级经营体 关闭一级经营体的“差距” 评价三级经营体
战略经营体	坚持战略定位 发现并创造新机会 关闭二级经营体的“差距” 自主经营体的升级换代

三类经营体之间通过“包销定制”契约实现连接。市场经营体与型号经营体之间是“包销”，销售前通过契约关系相互承诺该型号在市场的销售量；型号经营体、市场经营体与线体经营体之间通过“定制”契约实现连接，生产前就通过契约关系相互承诺定制该型号的数量。

不同层级、不同类别自主经营体之间，通过契约关系实现相互承诺和资源提供。三级经营体之间通过服务合同，即三级为二级提供资源服务，二级为一级提供资源服务，实现三级的纵向打通，三级经营体均围绕着市场需求而完成不同的分工。

“三张表”管理体系

为推动自主经营体的运行，海尔设计了以战略损益表、日清表、人单酬表为核心的核算及评价机制。第一张表明确创造用户价值的正确方向，第二张表精确到任务完成的流程时效，而第三张表就是员工和自主经营体自我经营的最终结果，直接决定了自主经营体员工的薪酬。这三张表构成了海尔员工价值创造的流程保障体系。

1. 战略损益表

战略损益表与传统的企业损益表有很大的差别。

首先，传统损益表是以数字损益为导向的，展示企业总体收入、成本和利润的关系。战略损益表关注表内资产的同时还要关注表外资产，以创造客户价值为目的。2000 多个经营体各有一张战略损益表，每个自主经营体为自己的用户创造价值。

其次，与传统损益表事后分析不同，海尔的战略损益表体现的是事前算赢。每个企业都会进行经济活动分析，但分析的都是过去的数据，已经木已成舟。我们现在做的是事前算赢，分析的是为达到目标应做什么工作。

最后，在传统财务报表的损益表中，利润往往等于收入减去成本和费用。这种损益表是利润导向型管理思想的体现。而自主经营体模式下的损益表增加了损失科目，其中收入与传统的财务损益表的收入项相同，而“益”（收益）是指通过自主经营体为用户创造价值而实现的收入，收入与益的差即为“损”(损失的一种形式)，因为这部分收入不一定为用户创造价值，所以是一种不可持续的收入，从长期看对企业的贡献不具有稳定性（见表 5-3)。

海尔的战略损益表是海尔战略转型的主要框架与管理模型。一级经营体主要依据为用户创造了多少价值来确定损益。二、三级经营体的损益不仅体现在为用户创造的价值上，还要看其为一级经营体提供资源和服务的有效性，以及在战略、机制、团队建设方面的贡献。三级经营体损益体现在创造了多少增值机会，搭建了多少创新机制。

表 5-3 损益表

单位	应做经营体数			第一竞争力目标	本年度预算目标	当期累计预算	当期累计经营体实际	经营“经营体”：差 2	经营体四环闭环	市场竞争力：差 1	列示：当期累计预算
	名称	负责人	数量	a	b_1	b	c	$d=b-c$		$e=a-b_1$	
财务报表收入 合计											
益：一级经营体实现收入											
损：未做经营体收入											

资料来源：根据海尔内部资料整理。

2. 日清表

如何关闭差距？海尔依靠的是创新。管理者要从关闭差距出发，通过战略损益表及时地发现各流程（包括产品开发、市场营销、供应链）中“非赢”的因素，所以能够及时地、主动地通过创新让员工实现“赢”。把这些创新的工作形成每天的预算，于是有了日清表。日清表是关闭差距的切入点。

日清表承接战略损益表，显示经营体现状，具体包括财务数据和经营人的现状，然后明确 161（上周工作绩效挂定，本周工作预算锁定，6 周工作预算排定）事前预算的内容。通过日清分解，将 161 预算内容分解到每天的工作预算，并能够显示出每天的工作预算、实际及差距。每天进行日清，找到执行中的差距，做出纠偏计划，保证目标的完成。最后，将一周的工作绩效进行评价，显示绩效结果并与个人的损益挂钩，制定新的预算。

日清表中把差距的原因归为“数”“路径”及“团队”三类（见表 5-4）。

表 5-4 “数路人”分解表

<table>
<tr><th colspan="3">数</th><th colspan="10">路径</th><th colspan="2">团队</th></tr>
<tr><td colspan="3">1. 创新双赢机制</td><td colspan="7">2. 打通端到端流程</td><td colspan="3">3. 兑现相互承诺平台（PBC）</td><td colspan="2">4. 整合资源</td></tr>
<tr><td colspan="3">“大 161”</td><td colspan="2">GTM</td><td colspan="4">SCM</td><td>PLM</td><td colspan="3">“人单酬”兑现</td><td>内部资源</td><td>全球资源</td></tr>
<tr><td>用户赢（AB类黏度）</td><td>企业赢（AB类产品）</td><td>员工赢（AB类员工）</td><td>CD类用户</td><td>CRM滴灌</td><td>质量</td><td>成本</td><td>交货期</td><td>CD类员工</td><td>CD类产品</td><td>用户承诺</td><td>客户承诺</td><td>员工承诺</td><td>团队协同</td><td>外部资源</td></tr>
</table>

“数”是指目标，要求实现用户、企业及员工共赢。“用户赢”的标准是要求重点经营多次购买、成套购买、推荐亲朋好友购买的高黏度 AB 类用户；“企业赢”是指重点经营给企业及员工带来高收入的 AB 类产品；“员工赢”是指重点经营持续创造 AB 类产品和用户资源的 AB 类员工。

实现“关闭差距”的路径因素主要分为流程因素和“人单酬”兑现因素。流程因素主要识别是否实现端到端的流程；“人单酬”兑现因素表现为实现企业、员工、用户的相互承诺。

团队因素主要分为内部成员因素和外部资源因素，具体分析是因为人员素质的原因还是资源的原因。

3. 人单酬表

在这个过程中，关键还是怎样把每个人为用户创造价值的积极性调动起来，这就需要靠机制保障，于是有了人单酬表。人单酬表把经营的结果直接落实到每个人身上，宗旨是“我的用户我创造，我的增值我分享”。海尔对自主经营体的要求是：缴足利润，挣够费用，超利分成，自负盈亏（见表 5-5）。

人单酬机制的特色在于：薪酬目标是“抢”来的，薪酬标准是预先设定好的。海尔在人单合一双赢战略框架下进行机制设计创新，将市场分配到团队，每个自主经营体对应一个细分市场，都有一套人单酬表，由一张目标母卡和 3 ～ 4 张目标子卡构成。通过事先全面预算和市场洞察，每个目标都设有 A、B、C、D、E 等不同等级的竞争力刻度，每一个等级的目标对应不同的薪酬等级，激励自主经营体团队主动抢 A 类目标。

在自主经营体商业模式下，所有员工的薪酬标准是依据其所选定目标的市场竞争力确定的。选的目标越高，意味着获得的薪酬标准越高。但是高报酬也意味着高风险，这种根据市场竞争力让员工自己决定自己薪酬高低的机制就叫“以市场竞争力定薪”。

抢到的目标不同，参与分成的薪酬基数也不同。海尔称之为“温度计”，就是把给用户创造的价值按竞争力水平在温度计上分成 5 个区间，依次为分享区、提成区、挣工资区、亏损区、破产区，5 个区分别对应相应的竞争力水平（见图 5-1）。每个人根据为用户创造的价值在温度计上的位置来确定自己的收入。

同时员工在选定目标时，必须提供能够实现目标的可行方案，只有方案获得通过，其选定的目标才有效。对于选定目标的实现情况也要进行监督考核，海尔把目标薪酬划分为月薪和季薪，其中月薪根据目标薪酬标准预借兑现，每月发放工资的 30%，分为 14 个月的工资；每季度根据实际效果的目标实现情况算总账。

表 5-5 人单酬表

经营“经营体”的关差绩效标准		以目标市场竞争力定薪	以经营“经营体”的关差绩效挣薪		提成奖（超标奖）	分成（CEO 大奖）	名义量化股	股权激励
			月薪 30%	季薪 70%	√	√	√	√
分享	效果为 A	√	√	实际竞争力对标季度奖金 ×1.3	√	√	√	√
提成	效果为 B	√	√	实际竞争力对标季度奖金 ×1.1	√	×	√	√
达标	效果为 C	√	√	实际竞争力对标季度奖金 ×1.0	×	×	√	√
保本	效果为 D	√	√	实际竞争力对标季度奖金 ×0.8	×	×	√	√
亏损	效果为 E	×	借钱发工资（欠条）	无	×	×	×	×

资料来源：根据海尔内部资料整理。

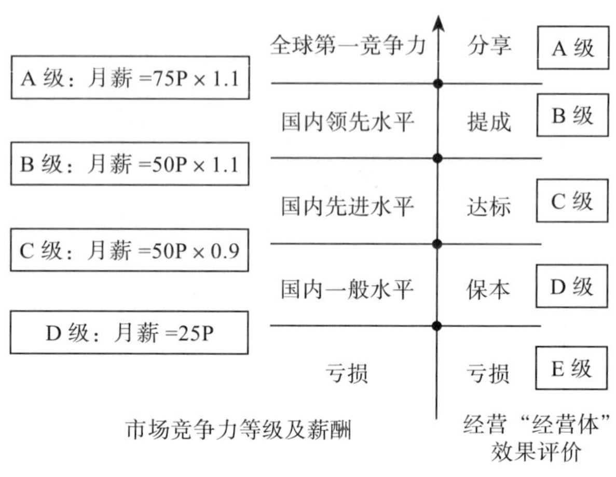

图 5-1　目标温度计

资料来源：根据海尔内部资料整理。

在自主经营体三表管理平台体系中，战略损益表是“纲”，明确了战略方向；日清表是对战略落地执行的纠偏过程；人单酬表显示“果”，是对自主经营体及其成员承接战略的结果显示。每个员工都将自己的收入与为用户创造需求的价值有机结合在一起。形成事前预算帮赢、事中和事后优化双赢的闭环，推动企业由利润导向向经营导向的转变。

简评

这三张表也清楚地表明了“人单合一双赢”的路径：每个自主经营体在可靠的成本预算和市场预算前提下，及时地创造和完成客户需求，为客户创造价值，然后获得自我价值。而“双赢”的路径一旦确定，每个自主经营体就必须具备三个要素才能真正完成“双赢”的目标：端到端——起点是用户的不满意，终点是用户的满意；

同一目标——所有的资源都能在一个目标下实现整合，所有的部门都能在一个目标下协同运作而不是推诿；倒逼体系——按照目标倒逼到每一个人、每一个流程，每一个人都挑战自我、完成目标。

“人单合一”是市场链思想的深化，是“每一个人都是SBU”理念的延伸。在信息化再造的支持下，海尔“人人都是CEO”的目标逐步实现。

平台与小微

2012年12月，海尔宣布进入网络化战略阶段。

在互联网时代，市场话语权早已沿着价值链进行转变，从生产企业转移到终端用户，终端用户比以往任何时候都拥有更多的选择、更多的需求和更大的市场影响力。在这个时代，企业需要快速行动以“跟上用户点击鼠标的速度”。

要达到满足用户个性化需求的速度需要不同部门和团队的紧密协作，因此由三类三级自主经营体组成的倒三角组织架构进一步推进，二级变为“资源超市”，明确“资源超市”的单是为一级事前算赢。之后经营体进一步扁平为节点闭环的动态网状组织，逐步探索平台型团队，按单聚散。每个自主经营体都成为动态网络中的一个节点，更好地利用网络的市场属性来协同、整合公司间的网络。

平台

2013年，张瑞敏提出三“无”的观念：企业无边界、管理无领导、供应链无尺度。2014年，海尔集团战略推进的主题是“三化”：公司平台化、用户个性化和员工创客化。企业的互联网宗旨对应用户个性化，员工的价值体现在员工创客化，而企业的互联网思维则对应公司平台化。

由此，海尔本身的定位再次调整，由服务型的企业定位转化为一家平台型企业。通过平台化的搭建，海尔以“人人创客”时代打造起个性化的用户体验生态圈。关于平台化，张瑞敏在2015年年初的公司内部讲话中有明确的界定：

……海尔要创建两个平台：一个是投资驱动平台，一个是用户付薪平台。所谓投资驱动平台是指，把企业从管控型组织变成一个投资平台，不再有各种部门和事业部，通通都要变成创业团队，公司与这些团队只是股东和创业者的关系。

……那么，海尔变成了什么？一个生态圈。从过去的上下级关系变成了投资人与创业者的关系；当然，这和普通的投资者还不一样，因为一要负责战略方向正确，二要有一个平台，驱动员工在正确的道路上前进。过去的职能部门，人力、财务、战略、信息等就构成了服务平台，已经做好的创业小微可以在该平台上面购买服务。

……我们转型的目标，就是要从原来制造产品的加速器变成孵化创客的加速器。原来就是为了规模，产品做得越多、做得越快、做得越有竞争力越好，现在要变成孵化创客。简单地说，企业要从原来的产品制造者变成“创客制造者”。

小微

与平台化相匹配的，是小微公司的出现。海尔从原来的封闭组织转变为平台型企业，在组织结构上变成了平台和小微。小微成为快速配置资源的主体，平台为小微提供快速配置资源的支撑。

海尔经历了从自主经营体到利益共同体再到小微的演变，方向很明确，把大企业做小再把小企业做大。从自主经营体到利共体，是把每个节点（单元）的创新，变成生态圈为单元的、全流程的创新系统。比如原来研发、营销各自都是一个自主经营体，制造也是一个版块、是一个自主经营体。利共体则以每个型号为单元，比如说冰箱，把冰箱的企划、研发、制造、营销变成大的利共体，变成全流程创造价值的生态圈。

从利共体到小微，从虚拟核算变成实际核算，更体现了人才开放、机制开放。小微企业可以自主经营、决策、分配，可以直接面向用户。这有助于更好地吸引全球一流的人才，更好地设计创新孵化机制，甚至可以吸引风投进来，也可以通过管理层跟投的方式实现自主创新，小微企业的机制和活力更容易展现出来。

2013 年年初，海尔的小微模式在各地的工贸公司开始试水。海尔的工贸公司成立于 2007 年，主要负责在境内销售海尔及控股子公司生产的相关产品。2014 年，海尔全国 42 家工贸公司已经全部转型“商圈小微”，小微模式也开始在制造、设计、财务等海尔其他部门全面推进。

海尔的小微分为创业小微、生态小微和转型小微三种类型。

小微公司是独立经营的实体。以工贸小微为例，在海尔内部，工贸小微被称为市场生态小微。市场生态小微是独立法人，也是员工持股的公司，承接的是管理用户资源、承担交互用户的职责。工贸小微收入来源于海尔，但人员关系不在海尔。对外，它们要为海尔创造价值，满足海尔横轴和纵轴两个点阵的考核，即 KPI 和用户交互两个方面；而对内，则是自主经营的主体，海尔不干涉其人事调动、工资等，就变成了独立的企业。

在海尔集团的大平台下，目前已有 39 个小平台。在这 39 个平台上，海尔内部成立了 212 个小微企业，如雷神游戏本、水盒子、空气魔方等。其中雷神游戏本是海尔打造的创业小微典范。雷神是由海尔电脑部门的几名员工创立的。他们看到网友的上万条吐槽，整合了社会资源，推出了雷神笔记本，成为海尔推动员工“小微创业”的典型案例。在小微主路凯林的带领下，雷神游戏本在短短十个月内，从零起步，跻身国内游戏笔记本的第二名。

对于创业小微而言，海尔扮演的是资本投资者的角色，与市场上的投资者一起为小微企业提供服务。2014 年 12 月，雷神拿到了首期 500 万元的风险投资，此前海尔对雷神投了 187 万元的孵化基金。第一笔风投进入后，雷神的创始团队也得以跟投入股。

2015 年，雷神游戏本计划吸引 1500 万 ~ 2000 万元的 A 轮融资，释放出 10% 的股权。余下 90% 的股权，将由海尔、创业者、风投三方各持有一定比例的股权，海尔仍处于控股地位。

这其中最深刻的转变是，雷神创业团队与海尔的关系由雇用关系转变为合作关系。这也正是张瑞敏提出的“员工创客化”的初衷。在新的组织形式下，企业与员工将结束原来的雇用关系，现在每个人都是创业者和合伙人，企业与创业者是共创共赢的关系。海尔希望在资源和用户之间搭起一个平台，改变传统企业模式下企业、员工、用户之间的关系，更好地满足用户需求。

正如张瑞敏所言，员工创客化要做什么？在海尔目前来做的就是把员工从雇用者、执行者，转变成创业者、合伙人。

人单酬 2.0

海尔实施了以“小微”为基本运作单元的平台型组织后，员工成为创客，可以在海尔平台上创新、孵化、成立小微公司。海尔对原来的人单酬体系进行了优化和细化。这主要体现在两个方面：二维点阵考核机制、差异化的对赌酬。

二维点阵考核机制

为了拥抱互联网时代的用户观，创造用户价值，并引导员工“盯着用户”，海尔用二维点阵图来评估小微公司。横轴是“企业价值”，衡量的是诸如销售收入、利润、市场占有率等这些常见指标；纵轴是“网络价值”，也就是用户价值。过去，一个人卖10万台产品，横轴所代表的指标高，就可以拿高薪金；现在，还要看卖10万台产品有多少用户。因为顾客和企业只是交易关系，交易完成就两清了；用户，则是从产品还没有出来就参与，出来之后还要谈体验并帮助进行迭代。

差异化的对赌酬

海尔在原有的“抢”薪酬基础上，提出“对赌”激励的新概念。在对赌酬激励模式下，针对创业小微、转型小微和生态小微差异化特点，实施差异化的对赌酬机制。

（1）创业小微对赌股权激励机制。在网络化战略下，海尔鼓励员工转型创客，聚焦新机会、新事业，孵化小微公司，通过出资持股、期权、跟投等股权激励机制，与创业小微绑定，驱动创客从“打工”转变为小微的“主人”，实现收益共享、风险共担。

（2）生态小微市场交易机制。生态小微加入海尔平台和生态圈，创造用户资源，在生态圈里交换价值、创造超利。具体来讲，事前与用户确定对赌协议，约定对赌的目标及超利分享的空间。

（3）转型小微对赌价值分享机制。对赌价值分享的核心是“资源对赌，自挣自花”，这二者分别通过“小微整体按单预算、小微成员按单预酬”两个机制实现落地。

结束语：重塑人与组织的关系

在知识社会与互联网时代，环境多变，传统的组织与员工关系（官僚层级组织）在适应市场变化、主动创新方面的阻力明显多于新的更小规模、更贴近市场的组织，过多的层级使得企业中太多的人远离了市场，缺少了来自市场的“共享、共担”的动力与压力，远离了企业存在的本质意义。

海尔的管理创新堪称颠覆。在节点闭环的动态网状生态圈中，员工角色从接受指令者变为资源接口人，又变为创业者；利益攸关方从博弈关系变为共创共享价值。传统的资本雇用劳动、企业支付员工薪金的模式，已经转换成基于委托—代理关系、员工参与分享的模式。海尔的对赌激励模式更旨在实现员工以知识作为资本，成为企业“事业合伙人”，共担风险、共享收益的目标。

德鲁克曾经观察到这一现象：企业的外包工作越来越多，合作与联盟逐渐取代过去的所有关系，成为新的模式。这是进入雇员社会之后的惊人的“返祖”现象。在海尔，张瑞敏痛感大企业导致的问题，不断通过划小经营单位来激发员工的企业家精神，甚至在互联网时代不断更新理念和模式，在这一过程中，员工与组织的关系也逐渐由雇用走向合作。

06

第 6 章

德鲁克：传统上司与下属的关系将消失

ENTERPRISE PARTNER

|引言| 恐怕没有人会反对，组织如果采取传统自上而下的控制式管理，将会遇到很大的麻烦。其实不仅是组织，管理者也同样如此。合益咨询的一项定量研究就明确指出，指令式的管理风格，将对组织氛围形成严重的破坏，进而影响组织绩效。

作为一位长寿的智者，德鲁克历经工业时代的鼎盛时期，晚年又亲眼目睹知识社会和互联网社会的到来。在这一大时代的转换当中，德鲁克比任何人都感受到新时代带来的冲击，以及传统上司与下属关系的解体。

管理 1.0：命令与控制

今天我们习以为常的概念，如自我管理团队等，早在 80 多年前，德鲁克就已经提出，但囿于种种原因未能实施，因此也被德鲁克称为自己最沉痛的失败。他是在怎样的情况下提出这一理念的？为何这一颇有价值的理念，遭到拒绝和抵制？我们无须对那个时代管理者的角色进行过多的描述，通过这一过程，就可以清晰地看到当时管理者的角色和顽固。

“自我管理的工厂社区”

20 世纪 30 年代，德鲁克应通用汽车的邀请，深入到公司内部进行研究，并撰写一部相应的书籍。在调研的过程中，很多员工的工作表现使德鲁克出乎意料。

大战期间，员工的工作表现，令我有耳目一新之感。每一个工作团队都负起责任，把自己组织成一个单位来进行工作，如通用的飞机引擎制造厂或者复杂的武器生产部门，如炮弹制造和口径测定设备等。那时，工业工程师和专业监督人员根本就寥寥无几，所以这些几乎没有经过训练、刚入行的工人不得不自行扛起责任，成为自动自发的团队。很多实例证明，他们的生产力和表现都很优异。

这些工人给德鲁克留下了深刻的印象。在随后撰写的《公司的概念》中，德鲁克提出了颇有前瞻性的“工厂社区自治”的概念。具体而言，他建议公司将管理的责任交给员工、班组和员工组成的团队，让他们来负责工作的组织、绩效评定、团队管理等。他甚至为通用汽车勾勒了恢复和平生产后的远景：培养出有管理能力的、有责任感的工人，打造“自我管理的工厂社区”。同时，德鲁克提出了振聋发聩的观点：将工人看作一种资源，而不是成本。

美国工业史上规模最大的员工意见调查

德鲁克的观点受到通用汽车董事长查尔斯 E. 威尔逊的重视。威尔逊邀请德鲁克担任雇员关系顾问，并从劳动关系部门分出独立的雇员关系小组，小组设有自己的副总裁，直接向威尔逊汇报工作。这个小组的任务，就是按照德鲁克的建议，培养具有“管理能力”的“有责任感”的工人，建立“自我管理的工厂社区”。

1947年，威尔逊在通用汽车发起了美国工业史上规模最大的员工意向调查，试图了解工人希望从公司、管理者和工作中得到什么，他们认为哪些地方存在改善的机会，在哪些地方他们有能力承担工作和业绩的责任。

这项调查取得了巨大的成功。有近30万人参加，其中有许多人写出了不少于20页的长篇大论。威尔逊做好了准备，开始实施工作改进计划，甚至选出了试点单位，率先实施并检验成效。

“让经理来管理，让员工去工作”

可惜的是，很快整个计划就被匆匆放弃了。

计划首先遭到工会的反对。反对的理由令人哭笑不得。在工会看来，这项计划将会改善公司与员工的关系。在这个方面，凡是公司提倡的，工会就要反对。当然，还有一个重要的原因，就是工会完全不能接受让员工去做管理的工作。沃尔特·鲁瑟是当时汽车联合工会的主席（他在后面的几十年里一直与德鲁克保持交往），就很明确地告诉德鲁克，应该“让经理来管理，让员工去工作。如果让工人承担本该由管理层负责的工作，就好比给他加上了一副无法承受的重担”。

更重要的是，威尔逊手下的管理层也不欢迎他的做法。对通用汽车公司的绝大多数经理人员来说，接受任何类似于工作改进计划的东西，都意味着放弃自己的管理职责。他们争辩说：“无论如何，我们才是专业人员；付给我们薪水是因为我们懂得如何去组织工作，或者至少比那些无论是在经验、教育程度，还是在收入方面都远不如我们的人懂得多，我们是可以信赖的。”

这些经理人员并非是出于对权力的虚荣心和贪欲。他们从内心深处认为自己就是专家。通用汽车负责劳工关系的副总裁曾与德鲁克有过争论，他认为德鲁克的主张就好比把病情恶化的诊断书直接交给病人一样，而医生才是一位有资格这样做的人。这位副总裁特别擅长打比方，他很“形象”地把德鲁克的主张比喻为让学校里的孩子们自己判断地球是圆的还是方的，而无视客观的科学真相。

这件事情让德鲁克耿耿于怀。在40年之后为《公司的概念》一书写的跋中，老先生仍然念念不忘：

……我一直认为，有经理观念的负责任的员工和自行管理的工厂社区是我最重要和最有创意的思想，也是我所做出的最大贡献。不管这些概念在日本有多大的影响，通用汽车公司及其经理人员拒绝采纳它们，结果使得这些概念对我所在的国家毫无影响，这是我遇到的最大和最让我感到恼怒的失败。

集权式领导

在工业化时代，客户和员工几乎都没有选择。被誉为“为世界装上轮子的人”的老福特，有两句非常经典的语录，精辟地概括了那个时代的特点：一是客户可以选择不同颜色的车，只要他们选择的是黑色；二是我只雇用一双手，却必须要跟拥有这双手的人打交道。

20世纪初，科学管理走到舞台中央。科学管理理论的奠基石是：所有工作都能够进行科学的研究，通过研究能够发展出最优化的程序，能够使得劳动生产率最大化。更重要的是，科学管理理论将管理者的责任和工人的责任完全分开。管理者的任务是精确界定工作程序，而工人们则需要同样精确地遵循各种规则。

科学管理理论极为清晰地阐明了领导者在组织中的角色，那就是命令和控制。领导者需要监督并指导其下属，下属们则需要服从命令听指挥（见图 6-1）。

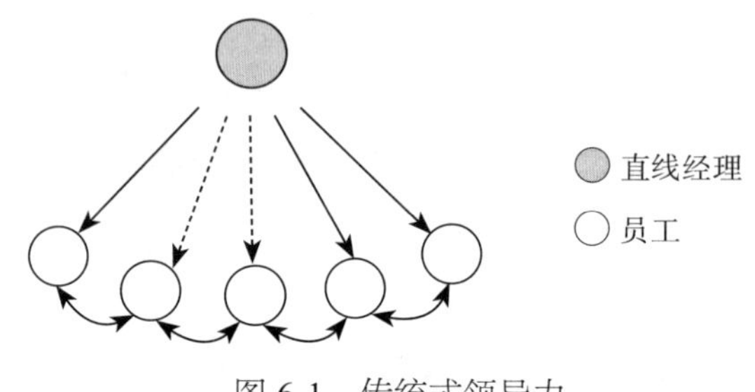

图 6-1　传统式领导力

注：带箭头的直线代表交流的方向和强度（粗线表示更强、更频繁的交流）。

管理 2.0：授权与支持

“墙内开花墙外香。”德鲁克的创想虽然没有被通用汽车采纳，却被一家远隔重洋的日本企业奉为珍宝，最终在东洋落地开花。

德鲁克在跋中谈道：

尽管通用汽车公司对《公司的概念》所提出的种种建议不屑一顾，日本人却对它们推崇备至。我在日本的声誉可以追溯到《公司的概念》，当时这本书很快就被译成了日文，并得到了热切的研读和应用。他们认为我对日本以重要经济力量的形象崛起，并表现出不俗的工业业绩和生产力，具有重要的影响。此外，尽管通用汽车对“我的工作以及我为什么热爱它”这一竞赛的调查结果毫不在意，丰田公司却在 20 世纪 50 年代初期设法弄到了那份未曾公布的调查报告的副本，并依此为模板来改造自己的员工关系。

在日本企业崛起之后，曾经有西方记者就日本企业成功的秘诀，采访“日本经营之神”松下幸之助。松下幸之助的回答是：“你们西方的观念是经理决策，员工来执行。我们的成功在于，我们首先从观念上超越了这一点”(见图 6-2)。

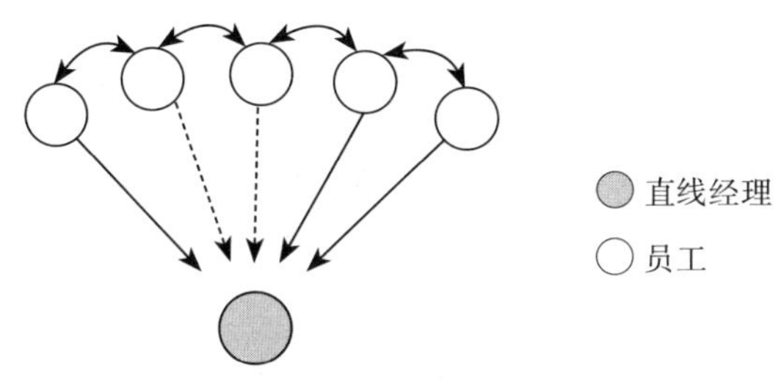

图 6-2　倒三角式

注：带箭头的直线代表交流的方向和强度（粗线表示更强、更频繁的交流）。

德鲁克曾说过：“关于决策的探讨，大多数都假定，只有那些由高级主管们才做决策，或者只有那些高级主管们所做的决策才是重要的。这一错误认识实在是太危险了。”

在这方面，丰田堪称典范。丰田是一家伟大的企业。作为日本企业的代表，丰田汽车在竞争激烈的汽车行业业绩骄人，并且实现了持续数十年的盈利，甚至有些年份的利润雄踞行业冠军宝座，并且是行业第 2 ~ 4 名的利润总和。

丰田是如何做到的？

第八种浪费：员工智慧的浪费

丰田的成功，起于消除浪费。丰田认为，不产生附加价值的一切作业都是浪费。在初期，它把浪费分为以下七种：

1. 生产过剩的浪费

2. 不合格产品的浪费

3. 待工的浪费

4. 动作上的浪费

5. 搬运的浪费

6. 加工本身的浪费

7. 库存的浪费

在随后的实践中，丰田总结了第八种浪费：员工智慧的浪费。丰田认为，所有的浪费，归根结底，都是人的智慧与行为的浪费。在丰田，有一个口号，叫作“不要担心员工不够素质，要担心的是管理者习惯对智慧的浪费”。

丰田生产方式的创始人大野耐一在晚年留下了感人的反思：“没有人喜欢自己只是螺丝钉，工作一成不变，只是听命行事，不知道为何而忙。丰田做的事很简单，就是真正给员工思考的空间，引导出他们的智慧。员工奉献宝贵的时间给公司，如果不妥善运用他们的智慧，那才是浪费。”

丰田生产方式是充分运用员工智慧的体系。丰田认为，当工作中出现问题的时候，解决问题的主要力量应当是每一个员工，而不是像美国管理体系一样，主要依赖管理人员或技术专家。丰田始终坚信，普通员工具有解决复杂问题的能力。因此，丰田生产方式（Toyota Production System，TPS）也被称作“使人思考的系统”（Thinking Production System）。

丰田建立了充分利用员工智慧的两大体系：创意功夫提案和品管圈。

创意功夫提案

1951 年，曾任丰田汽车社长的丰田英二建立了丰田的“建议制度”，并发起合理化建议活动。后来，丰田英二的继任者石田退三又将它逐步完善，形成目前丰田公司广泛深入开展的富有日本特色的“提案制度”。据统计，丰田公司每年的合理化建议数高达数十万甚至百万条，超过 90% 的员工参与，采用率也超过 90%，每年为丰田创造数以亿美元计的效益。

在最初的阶段，合理化建议的范围主要集中于机械和技术领域。20 世纪 70 年代后，逐渐扩展至成本和质量等方面。经过多年的发展，丰田公司的合理化建议已经覆盖所有的流程和业务，涉及生产、研发、营销以及经营管理的各个方面。这一制度发挥了激发员工参与和调动员工积极性的作用，集思广益的意见推动丰田不断改进、不断创新、不断挑战新的高峰。

丰田的合理化建议之所以能够真正地发挥作用，而不是像其他企业那样形同虚设，最重要的原因有以下两点：

（1）认可和采纳员工的意见。认可和采纳意见是对员工最大的尊重和鼓励，这不仅是对员工参与的最高奖励，而且实施员工所提出的意见必将赢得员工的支持。在执行过程中，员工也会投入最大热情和努力。在实施的过程中，员工意见的采纳率一直在 80% 以上，甚至逐渐超过 90%。

（2）高层、技术和普通员工的全员参与。参加活动的人员，有高层领导、专业的技术骨干以及一般员工，通过共同商讨、分级评审以及展览讲评等灵活多样的形式，把全体员工都纳入公司预定的活动轨道，最大限度地调动员工的参与性和积极性。

创意功夫提案的实施过程

当一个团队的成员对如何改进有创新的想法时，正式的建议体系就会被启动。不过，丰田的建议体系不是在墙上挂一个“合理化建议”的盒子，由团队成员提出建议，交给管理人员去实施。

这种做法往往留给管理人员的是一张长长的建议清单。因为缺乏资源、精力和注意力有限等种种原因，这些建议无法得到全面实施，管理者会背负压力，提出建议的人也会因为自己的想法无法得到实现而沮丧。

在丰田，建议体系是以团队成员为主导的。当团队成员有了好的想法，他将从填写建议表开始，对现状、目标以及二者之间的差距做简单、清晰的概括，然后说明潜在的原因，并将其缩小到根本原因的范围内。一旦界定了根本原因，就需要给出可能的应对措施，并说明每个措施的成本、效能和可实施性等。然后，在这些应对措施的基础上预测结果，说明如何将应对措施转化成可以遵守的标准，从而保证该措施的应用。最后，团队成员还需要给出验证其想法的策略，附在计划书后面，提交给团队领导。

团队领导要做的事情，就是对状况予以确认，并依照解决问题的程序确认团队成员的“想法”。小组领导要么同意实验，要么对团队成员的想法和过程给予具体指导，引导他用丰田的8D方法解决问题。

如果实验成功了，该团队成员需要明确节省了哪些重要资源，比如节省了流程中的时间，如果团队成员对流程做了改进，比如移动了部件架或制造了一个架子提高了速度，节省了2秒钟，他就可以到建议系统指南上计算他应获得的奖励所对应的奖金，然后将实施情况和应获得的奖金填入建议表，完成表格。

团队领导对实施情况、实施结果以及该建议已经在所有团队成员和所有轮班中实现了标准化等予以确认，并同意向该建议支付报酬。这个表格就会送到负责支付的人力资源部门，人力资源部门就会抽样检查部分表格以确认其实施情况，以确保该计划的连续和公平。一旦确认，就会向团队成员支付报酬。

品管圈

1962 年，日本质量管理大师石川馨独创品管圈。与美国企业依赖工程师专家和管理者进行质量改进不同，日本企业认为员工是最了解现场情况的，应该教授他们科学的方法，让他们参与到质量改进的过程当中。

1964 年，丰田开始了质量管理小组活动。小组按车间组建，每组 10 人左右。各小组自行选择本车间问题，进行研究和改进。组织和选题都可向公司登记。一个课题完成后，再自动选择下一个课题。这种活动方式，丰田称为“滚动方式”。

公司质量管理部对质量管理小组具有引导、服务、援助的义务，并为质量管理小组提供各种信息和辅导，也可以根据公司发展的需求提出共同性课题来推动小组活动。质量小组的活动是自愿的，并无报酬。但每半年要举行一次“小组活动事例发表会”，对优秀的小组予以表扬，对提出合理化建议的给予奖励。

质量管理小组的活动，在改进质量和降低成本方面，都取得了显著的成果。除此之外，通过质量管理小组的活动，丰田有效地提升了沟通成效，促进了职场“活性化”，熟练工和老工人的技能、经验智慧也得以传承。

目前，丰田集团仅仅日本国内的 12 家制造公司，就有超过 1 万个质量管理小组，如果再加上分布在世界各地的生产厂商，质量管理小组接近 2 万个。

质量管理小组的理念和活动要点

以自我成长和为企业做贡献为基本理念，质量管理小组活动的主要目的体现在三个方面：通过良好沟通、强化伙伴协作意识和相互信赖关系改善人际关系的质量；通过提升确实能够胜任工作的技术、技能，提升个人技能的质量；通过改善身边所出现的品质、成本、交期、安全问题，提升工作的质量。

为了避免出现质量管理小组活动处于僵化状态，丰田安排了"全公司推进"的组织体系，由高管担任推进负责人，从而建立起经营管理者"关注质量管理小组的活动，并对落实及进展情况适时反馈"的保障机制。为了能够更好地推进活动的开展，还并行建立了管理者教育培训制度，通过讲解使他们理解并认知有关质量管理小组活动的意义及目的。

质量管理小组活动的重点

为了更好地推动质量管理小组的运作，丰田对团队领导在质量管理小组运行中的职责和关键点有细致的要求，并通过正式的培训，提升团队领导的指导能力（见表 6-1）。

表 6-1　质量管理小组活动的重点

项目	要点
质量管理小组活动本质的理解	• 管理者从自身做起，理解质量管理小组活动的基本，对小组成员进行传授
小组长的适宜人选	• 推选小组长时，不撒手任由小组成员一哄了事，而是认真地予以指导、建议
定期活动会议的举办	• 确保小组的活动时间 • 努力做到全员参加
小组长、小组成员的培养计划	• 亲自执掌教鞭，担任讲师向部下进行讲解 • 有计划地培训那些希望出任下届小组长的成员

（续）

项目	要点
课题选定指导	• 细致地收集传导那些对活动有益的信息 • 指导、帮助小组筛选现场课题（含方针类），但是绝对不予强加
对活动报告予以确实的指导	• 在提交活动报告时，不仅只是简单地道声辛苦了事，而是切实到位地予以点评指导
将改进成果纳入现场工作规范	• 在小组完成了课题时，对相关的标准化项目予以确认，下力将成果予以固化
与小组的沟通交流	• 时常参加小组会议，不仅局限于小组长，而是听取小组全体成员的意见及建议 • 积极地参与策划“有趣而有成”的小组活动
不只是在小组进行成果发表时，而是在活动的每个阶段都能及时地给予指导帮助	• 不只是在课题完了之后倾听苦情、苦言，而是在活动的每个阶段和步骤都给予切实地指导及帮助 • 实事求是地撰写活动过程（不编造，不吹嘘）
称赞、认可努力	• 对小组在活动中所做出的努力表现出称赞、认可的态度

授权式领导

丰田内部文件《丰田模式 2001》将“体贴的领导者”定义为“具有使他人生机勃勃、富有朝气的能力，乐于给下属挑战，给予下属发展机会并培养其成就感的人。体贴的领导者监控个人和团队的表现，使员工能够对自己的行为负责”。

丰田的“监控”与一般企业不同。一提监控，我们就会想到评价与控制。与作为监控的管理者不同，丰田的领导者注重“确认流程”，而不是去抓员工所犯的错误。每个流程都有一组定义好的操作规则——标准化工作、5S、在制品库存标准、经过良好训练的员工、完成工作的安全方式、指标、所需时间，领导者需要确定所有这些规则是否都运行正常。出现任何偏离标准的情形都必须通过基于问题解决的程序处理，而不是去批评责任人。

在丰田，胜任的领导者不认为适当的奖励和惩罚会自动使下属按照自己的期望行事。事实上，他们甚至不把自己所领导的人当成下属，而是通过建立一种文化，在信任团队成员的基础上进行有效的授权，使其在设计良好的流程和系统中工作，从而产生最优的结果。在该文化中，所有的团队成员都共享正确的价值观和信仰，接受良好的培训，知道如何做好工作，于是当出现偏离标准的情形时会把注意力集中于解决问题上。

在《丰田模式 2001》中指出，丰田公司的领导原则是：

通过授权而发展——我们信任团队成员，对其出主意、创造机会和解决问题的能力充满信心。我们重视节约时间以及通过对在个人权利、责任、义务等方面进行投资所带来的结果。

在丰田，甚至用倒三角的方式，来描述领导者的角色：员工处于金字塔的顶端，管理者处于底部（见图 6-3）。丰田崇尚价值流的概念，因为丰田是一家汽车制造企业，关键的价值创造环节是制造汽车的流程。完成该流程的团队成员从事生产工作，制造可销售的产品，因此他们最重要，所有其他的人和事都是为了支持并满足其工作的需求。

作为领导者，只能通过支持那些实际增加价值的员工来增加价值。因此，丰田的领导者更愿意通过授权的方式，形成自主的工作团队。领导者的职责是支持团队成员，提供他们所需求的东西，包括经营战略、长期计划、培训、持续发展等。所有这些做法的背后，是那个坚定的信念：充分激发和利用员工的智慧。

但是，授权的说法依然有一些“施舍”的意味。正如大野耐一的学徒所说，大野喜欢让他们站在圈里观察，其实他已经知道答案，只不过是在历练和培养自己的学生。在新的时代，很多问题，作为上司的管理者往往是不知道答案的。

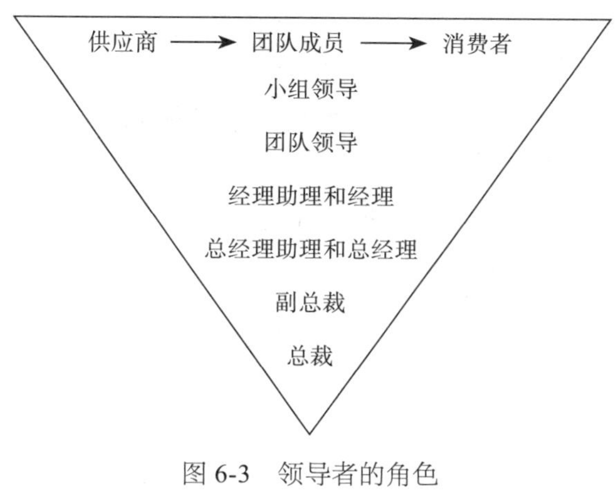

图 6-3　领导者的角色

管理 3.0：共创与自我管理

作为“社会生态学家”，德鲁克敏锐地观察到社会的变化。1959 年，在《明日的里程碑》一书中，德鲁克正式提出知识工作者的概念，并在后来近 40 多年的时间里，一直思考知识工作者的管理问题。1968 年，在《断裂的时代》一书中，为了说明知识是现代社会的中心以及经济和社会行为的基础，德鲁克使用了知识社会的说法。知识社会的到来，挑战了传统管理的诸多假设。因此，在最后的著作《21 世纪的管理挑战》当中，德鲁克提出要重构管理。

德鲁克观察到，在知识社会，传统的生产资料——自然资源（土地）、劳动力和资本的价值都在下降，创造财富的主要源泉是知识。在知识社会，知识工作者将成为主导力量。如同资本家知道如何将资本用于生产一样，知识工作者知道如何将知识用于创造价值。

德鲁克说：

知识是今天唯一有意义的资源。传统的生产要素，如土地（自然资源）、劳动力和资本，虽然至今仍未消失，但它们已经处于次要地位了。现在，只要有了知识，土地、劳动力与资本就会纷至沓来。

传统的老板和下属的角色将消失

由于知识资本与财务资本的并驾齐驱，德鲁克认为知识社会是由初学者和资深者构成的社会，而不是由老板和下属构成的社会。传统的老板与下属的角色将会消失。在《21世纪的管理挑战》当中，德鲁克对传统管理的关键假设进行了剖析，并且明确提出，管理者要将下属视为合伙人（partner）。原因很简单，在知识社会，作为下属的知识工作者，在很多专业领域的知识和技能要胜过上司。

公司诞生于19世纪70年代前后，其中的假设之一是：公司是“主”，雇员是“仆”。因为公司拥有生产工具，没有这些生产工具，员工就不能谋生。因此，雇员对公司的需要大于公司对雇员的需要。

这个观念在整整一个世纪里都行之有效，但从20世纪70年代起，它遭到了被颠覆的命运。现在通行的观念是：

知识是生产工具，为知识工作者所有，并具有高度的可移动性。这点同样适用于高级知识工作者，如科学家，也适用于知识技术人员，如理疗师、电脑技术员和法律助理。知识工作者提供“资本”，与企业主提供的资金是一样的，两者彼此依赖，这使得知识工作者获得了与企业主平起平坐的地位，变成平等的合伙人或者伙伴。

即使成为组织的全职雇员，作为“下属”的人却越来越少——即使他们从事相当低层的工作。他们逐渐成为“知识工作者”（knowledge worker）。同时，知识工作者不是下属，他们是“合作者”。在实习期过后，知识工作者必须比老板更了解他们的工作，否则他们一文不值。事实上，在知识工作者的定义中也提到，“他们比组织中的任何其他人更了解他们的工作”。

为客户提供服务的工程师没有工程经理更了解他们的产品，但他更了解客户，这可能比有关产品的知识更重要。空军基地的天气预报员在级别上远低于空军基地的指挥官。但是，在天气预报知识方面，除非他比空军基地的指挥官知道的多得多，否则他一无是处。维修客机的机械师比管理他的、航空公司的机场经理更了解飞机的技术状况。同样的例子不再一一枚举。

此外，今天的“上级”通常没有做过他们的“下属”做的工作，而几十年前的情况及现在许多人仍然持有的观点，正好与现实南辕北辙。

仅仅在几十年前，军队里的团长还曾经做过下属做的每一项工作：营长、连长和排长。从级别低下的排长到更高级别的团长，这些岗位的唯一不同之处就是他们指挥的人数，而他们所做的具体工作完全相同。今天的团长在军旅生涯的早期就开始指挥部队，但持续的时间不会很长。他们也曾经由上校和少校晋升到现在的职务。但是在大部分军旅生涯中，他们曾经做过各种各样的工作：做过参谋、参与过研究项目、教过书、在驻外使馆工作过，等等。他们只不过不再想当然地认为他们了解他们的“下属”——指挥一个连的上校——所做的工作或准备做的工作，当然他们也当过上校，但是他们可能从没有指挥过一个连。

同样，负责市场营销的副总裁或许也是在销售部门按部就班地晋升到这个职位。他们非常了解销售。但他们对市场调查、定价、包装、服务和销售预测等一无所知。因此，营销副总裁可能无法告诉营销部门的专家应该做什么和怎么做，但是这些专家却是营销副总裁的“下属”，而营销副总裁无疑要负责监督他们的工作绩效，督促他们为公司的营销工作做出他们的贡献。

同样的道理也适用于医院的院长或医疗总监，他们要管理在临床实验室或理疗部门工作的、训练有素的知识工作者。

当然，这些合作者也是“下属”，因为他们的聘用、解雇、升迁和评级都取决于“老板”。但是在他们自己的工作上，只有这些所谓的“下属”承担起教育上级的责任，即帮助“上级”了解市场调查或物理治疗法的内容、具体的程序和各自的“效果”，上级才能发号施令。

换句话说，他们的关系与其说属于传统的上下级关系，不如说就是交响乐团指挥与乐器演奏者之间的关系。组织中聘用知识工作者的上级，通常不会做所谓的下属做的工作，就像乐队的指挥不会演奏大号一样。正如交响乐团会影响到最才华横溢和最独断专行的指挥质量一样，知识型组织也可以轻而易举地降低最精明能干的上级的管理质量，最独裁的上级就更不用说了。

自上而下的指令型管理的失效

知识员工的“生产工具”放在脑袋中，同时他们又拥有高度的自主性，而且他们是专家，是不能严密监督的，同时也不能给予详细的指导。管理者唯一能做的，只能是给予多方的协助，其余的只能靠知识员工自己，引导他们自己朝向“有效性”。

合益集团（Hay）的研究结果印证了这一点：管理者需要调整自己的角色和管理习惯。传统指令型的管理风格，有害无益。

合益从全球范围的 2 万名高管中随机选出 3871 位作为样本进行了研究，最终总结出管理者最常见的六种风格，以及这些管理风格对组织氛围和组织业绩的影响。

这六种风格是：指令型领导者要求下属立即服从；愿景型领导

者强调愿景，带领下属为之而奋斗；亲和型领导者与下属建立情感纽带以及和谐的关系；民主型领导者鼓励员工参与，建立广泛共识；领跑型领导者以身作则，对下属有很高的期盼；辅导型领导者侧重为企业未来培养人才（见表6-2）。

表6-2　六种领导风格一览表

领导风格 / 方式及影响	指令型	愿景型	亲和型	民主型	领跑型	辅导型
领导者的工作方式	要求立即服从	动员下属向愿景努力工作	建立和谐的情感纽带	通过鼓励参与并建立共识	建立很高的业绩标准	为组织未来培养人才
一句话描述	“照我说的做”	“跟我来”	“员工优先”	“你的想法是？”	“现在就按照我的方式做”	“试试这个”
对组织气氛的整体影响	负面	正面	正面	正面	负面	正面

虽然高管的领导风格有六种，但是其中只有四种会对组织气氛和组织业绩带来持续的正面作用，而指令型的风格，在大多数情况下会产生最不利的影响。想象一下这样的工作场景：工作中没有任何灵活性，“一言堂”式的决策方式，员工的创新思想被扼杀，人们没有被尊重的感觉。这种风格对员工责任性和激励性有严重的打击，造成的后果是员工不认同公司的目标和价值观，对组织没有忠诚感。

团队领导：以销售的方式进行管理

平等的伙伴关系，对团队领导的管理方式提出了新的要求。德鲁克观察到，“管理者习惯于发号施令。他们习惯于从他们希望的角度进行思考，然后让下属接受。”但伙伴关系意味着在地位上，所有合作者都是平等的。

因此，德鲁克的建议是，“不能向合作者发号施令，他们需要被说服。管理人的工作日益成为一项‘销售工作’。在销售的过程中，我们不会首先问：‘我们想要干什么？’而是会问：‘对方想要什么？他们有什么样的价值标准？他们的目标是什么？他们需要什么样的结果？’在推销的过程中，我们要以客户为出发点，而不应以自己的产品为出发点。”

团队成员：基于责任和沟通的自我管理

平等的伙伴关系，对团队成员同样提出了挑战，这一挑战甚至要超过团队领导。因为每位成员必须为组织的目标、自己的贡献以及自己的行为负责。“组织的所有成员必须自问：‘此时此刻，我能为这个组织及其使命做出的主要贡献是什么？’换句话说，组织的所有成员都必须成为负责任的决策者，都必须把自己看作组织的管理者。”

与工作伙伴（无论是上下级还是平级）经常沟通工作目标、优先任务和预期贡献，是组织所有成员的共同责任。此外，确保自己的工作目标能跟得上整个团队的工作目标，相互配合，相互协作，也是组织所有成员的共同责任。

自我管理的挑战

尽管德鲁克提出了自我管理的理念，但他同时也清醒地认识到它实行起来面临严峻的挑战。

在提出“自我管理的工厂社区”的同时，德鲁克就强调，绝不能把负责任的员工、自行管理的工厂同放任自流混淆起来。如何真正将“自我管理的工厂社区”建设成功？德鲁克认为亚伯拉罕·马斯洛提出了有效的解决方案：负责任的员工和自行管理的工厂要求管理层具有强大的领导、坚定的目标和准则以及高度的自律等。

将责任委托给下属，以成就为目标进行管理，这对管理者和下属都提出了极高的要求。值得一提的是，德鲁克对流行一时的Y理论并不赞同。相对于X理论对人的假设（懒惰、无法自我负责），Y理论假设人对工作有心理需求，需要获得成就，愿意承担责任。

作为Y理论提出人麦格雷戈的追随者，后来被称为领导力大师们的院长的沃伦·本尼斯，在职业生涯的早期曾经因此遭遇过滑铁卢。德鲁克回忆说，20世纪60年代末，沃伦·本尼斯曾经试图将纽约州北部的布法罗大学从一所古老的破败学院变成一座一流的重点大学。他和同事们所用的方法，以Y理论为基础，但未能赋予结构、方向和安全感。其结果让人无限激动，但也彻底失败。本尼斯后来总结，学校非但未能有所成就，反而缺乏方向，没有目标，失去了控制，最终以失败告终。所以他后来去了辛辛那提大学任校长。

“在很多方面，自我管理比它所要取代的自上而下的管理还要严厉。”

有机的团队：领导权与等级无关

组织是由掌握知识的专家构成，因此组织必须是平等的组织，是一个由合作伙伴组成的组织。由于组织的工作是以知识为基础的，因此“它不能是由老板和下属构成的组织，必须成为一个有机的团队。”

这是一个彻底的颠覆。传统组织中的级别将不再有效。德鲁克喜欢用小型爵士乐队来类比未来大多数团队的类型。在爵士乐团队中，乐队的领导权随其成员的具体任务而变，与其成员的级别无关。德鲁克认为："'级别'这个词，应该从知识工作与知识工作者的词汇库中完全消失。"

足球队的启示

在谈到"有机的团队"时，德鲁克喜欢用足球队来说明更加灵活的团队类型。我们用图形来形象地表达足球队与传统团队的不同。图中的圆圈代表团队成员和部门经理（用灰色表示），带箭头的直线代表交流的方向和强度（实线表示更强、更频繁的交流）（见图 6-4）。

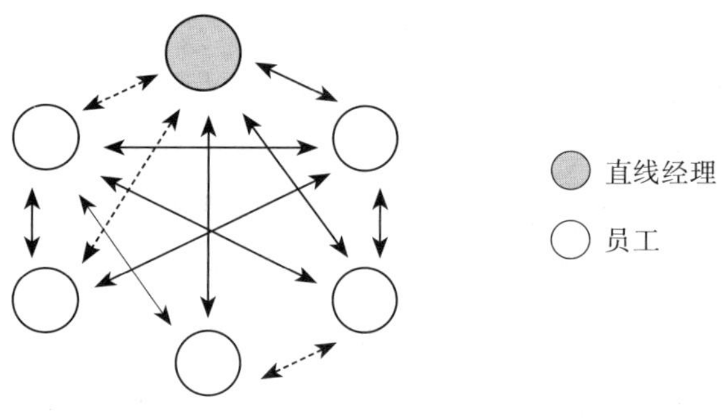

图 6-4　领导力即一场团队运动

注：带箭头的直线代表交流的方向和强度（实线表示更强、更频繁的交流）。

在传统团队模型中，交流和管理都是单向的，而团队各成员之间的关系比较松散，而在足球队模型当中，包括团队领导在内的所有团队成员都处于一张联系紧密的网络当中。交流的强度影响着成员之间的关系。团队成员能够通过交流一起做决定。

要成为一支成功的队伍，足球队员需要有互相帮助的意愿和能力。除了基本的运动能力和控球技巧以外，还需要多方面的技能：

- 角色理解能力，能够专业地理解和把握自己在团队中的具体角色（门将、后卫、中场、前锋），以及应该如何与其他角色进行配合。

- 战术理解能力，比如对整场比赛以及每次配合流程的理解，能够进行无球跑动与配合。在不同情况下，每个球员必须决定是参与进攻还是留在后场进行防守，在正确的时候出现在正确的位置上。

毫无疑问，从完成的传球数和战术的重要性上看，每个队员的贡献总是不一样的。正如所谓的网络分析所展示的，总有一些队员表现更活跃。但这并不意味着最活跃的球员主宰了比赛。团队运动的一个迷人之处在于每个队员都可能射入决定性的进球，即使是门将。

在足球队中，没有一个固定的领导者。每一个球员在比赛过程中都可能扮演领导者的角色。在某一时刻，我可能领导着别人，而在另一时刻，别人可能领导着我。因此，在这一过程中，团队成员共享领导力，共创成果。共享领导力意味着所有团队成员：

- 不仅对个人发展负责，也要对团队的成功负责。
- 一起达成工作目标。
- 建立网状的交流模型。

结束语：重塑员工与管理者的关系

从集权到授权，是一次可喜的改进，但并没有实质改变员工与管理者的关系。德鲁克曾多次谈及授权的局限性，因为授权一说的假设前提，就是依然承认权力是组织运行的基础。

“今天，有不少人在谈论授衔和授权，尽管这两个词的意思和以前的地位和权力差不多，但已经显示了某种进步的含义。这就意味着，对以前那种以命令或控制为基础的组织而言，丧钟已经敲响……但授权的概念很糟糕。将高层掌握的权力下放给基层不是向前迈进了一大步。权力依旧是权力。要使组织有所作为，你必须用责任取代权力。”

从授权到共创、共享式领导，是一次颠覆性的转变。员工和管理者真正成为合作伙伴的关系。

“我们更应该用‘责任’和‘贡献’来取代授衔和授权。这是因为，没有责任的权力根本就不是权力，只不过是不负责任罢了……在传统的组织（即过去 100 年中所经历的组织）中，组织的骨干或内部结构是由等级和权力构成的。在新兴的组织中，组织的骨干或内部结构必须是相互理解和责任。”

对于管理者而言，要学会仰视自己的下属。

附录 A

万科长期激励实践

ENTERPRISE PARTNER

股权激励作为稳定高管和核心技术人员的长期激励方式，被视为解决委托代理问题的有力工具。为了进一步完善公司治理结构，健全公司激励机制，增强公司管理团队和业务骨干对实现公司持续、健康发展的责任感、使命感，确保公司发展目标的实现，万科先后在 2006 ~ 2008 年第一次采用了限制性股票，2010 年采用了股票期权激励计划。

第一阶段：首期限制性股票激励计划（2006 ~ 2008 年）

具体操作

万科在 2006 年 5 月对公司受薪的董事会和监事会成员、高级管理人员、中层管理人员以及由总经理提名的业务骨干和卓越贡献人员在内不超过公司专业员工总数 8% 的员工，实行首期限制性股票激励计划。

首期限制性股票激励计划由三个独立年度计划构成，即 2006 ~ 2008 年每年一个计划，每个计划期限通常为两年，最长不超过三年（仅当发生补充归属时）。具体操作模式为，公司采用预提方式提取激励基金奖励给激励对象，激励对象授权公司委托信托机构采用独立运作的方式，在规定的时间内用上述激励基金购入本公司上市流通的 A 股股票，并在条件成熟时过户给激励对象。信托机构用预提的激励基金于当年购入公司流通的 A 股股票，在年度股东大会通过的当年年度报告及经审计财务报告的基础上，确定公司是否达到业绩标准、当年净利润净增加额以及按本计划规定可提取的比例，以此确定该年度激励计划的有效性以及激励基金数额，并根据预提和实际的差异追加买入股票或部分出售股票。等待期结束后，在公司 A 股股价符合指定股价的条件下，信托机构在规定期限内将本计划项下的信托财产过户至激励对象个人名下，其中股票以非交易过户方式归入激励对象个人账户。

每一年度的激励基金以当年净利润净增加额为基数，根据净利润增长率确定提取比例，在一定幅度内提取：

当净利润增长率超过 15% 但不超过 30% 时，以净利润增长率为提取百分比，以净利润净增加额为提取基数，计提当年度激励基金。

当净利润增长比例超过 30% 时，以 30% 为提取百分比，以净利润净增加额为提取基数，计提当年度激励基金。

计提的激励基金不超过当年净利润的 10%。

每一年度激励基金的提取需要达成一定的业绩指标条件：每年度激励基金的提取需要以公司净利润⊖增长率、净资产收益率、每股收益增长率作为业绩考核指标，其启动的条件具体为：

（1）年净利润（NP）增长率超过 15%。

（2）全面摊薄的年净资产收益率（ROE）超过 12%。

（3）公司如采用向社会公众增发股份方式或向原有股东配售股份，当年每股收益（EPS）增长率超过 10%。除此之外的情形（如采用定向增发方式实施重大资产购并、换股、引进战略投资者，配售转债和股票衍生品种等）则不受此限制。

每年度股票激励计划中的限制性股票采取一次性全部归属并在未当期归属的前提下拥有一次补充归属的机会。对于当期归属，在

⊖ 净利润为扣除非经常性损益前的净利润和扣除非经常性损益后的净利润中的低者，且为扣除提取激励基金所产生的费用后的数字。

等待期结束之日（即 T+1 年年报公告日），限制性股票必须满足以下条件才能以当期归属方式全部一次性归属激励对象：Price B ⊖ > Price A。对于补充归属，因未达到当期归属条件而没有归属，限制性股票可延迟大约一年至 T+3 年起始 10 个交易日内进行补充归属，但必须同时满足下列两个条件：Price C > Price A；Price C > Price B。

实施结果

2006 年，万科首次公布股权激励方案时引起了市场很强的重视程度，并立即得到了市场的广泛回应。在公布股权激励方案的一个多月的时间里，万科的股价由 2006 年 3 月 21 日的 5.72 元迅速增长到 5 月 10 日的 6.93 元，涨幅高达 20.63%。这充分体现出万科股权激励方案的积极作用得到了市场及广大股民的普遍认可。

根据毕马威华振会计师事务所出具的公司 2006 年审计报告，万科 2006 年扣除非经常性损益后的净利润较 2005 年增长 54.68%，全面摊薄的年净资产收益率为 13.89%，全面摊薄的每股收益增长 31.77%，达到“2006 年度激励计划”的业绩考核指标。

另外，以 2006 年 1 月 1 日为基准，2006 年万科 A 股每日收盘价向后复权年均价为 7.10 元，2007 年万科 A 股每日收盘价向后复权年均价为 33.81 元，也达到了“2006 年度激励计划”的股价考核指标。因此，“2006 年度激励计划”计入激励对象个人股票账户的条件达成，并于 2008 年 9 月顺利完成实施。

2007 年在公司大规模进行并购以及当年过热的市场投资等相关

⊖ Price A：T 年全年万科 A 股每日收盘价的向后复权年均价；Price B：T+1 年全年万科 A 股每日收盘价的向后复权年均价；Price C：T+2 年全年万科 A 股每日收盘价的向后复权年均价。向后复权：以除权前的股价为基准（即除权前的股价不变），将除权后的股价向上调整。

因素的影响下，万科发展速度与2006年相比更快。根据万科2007年经审计的财务报表显示，扣除非经常性损益后的净利润金额较2006年度同等口径的指标增长率为116.67%，全面摊薄的年净资产收益率（ROE）为16.36%，全面摊薄的每股收益增长106.75%，已经达到了限制性股票激励计划的考核要求。

但是，由于受到席卷全球的金融风暴造成的全球的股市动荡，导致公司股价指标未能实现。以2007年1月1日为基准，2008年万科A股每日收盘价向后复权年均价为25.79元，低于2007年万科A股每日收盘价的向后复权年均价33.66元，没有实现股价考核指标。根据首期限制性股票激励方案的规定，2007年度激励方案中预先由独立信托机构购入的限制性股票能够顺利归属于激励对象的条件为：2008、2009两年中，至少有一年万科A股每日收盘价的向后复权年均价高于2007年同口径股价。因此，2007年股权激励方案进入补充归属期。然而以2009年万科A股每日收盘价向后复权年均价为25.50元，同样低于2007年对应股价。因此，2007年度激励计划持有的限制性股票归属条件未能达成。虽然完成了股权激励方案的相关业绩指标，最终由于其股价未能达到要求，2007年的激励方案也只能遗憾地以失败告终，并于2010年1月正式终止实施。

在首期股权激励方案的最后一年2008年中，由于受到国内“抑制过热”政策叠加、住房保障制度等相关房地产市场调控政策的出台以及金融危机的等因素的共同作用下，万科在2008年罕见地出现了净利润的负增长，扣除非经常性损益后的净利润比2007年下降15.61%，致使相关业绩指标未能达到激励方案的相关标准，最终也以遗憾收场。

第二阶段：股票期权激励计划（2010 年）

具体操作

万科在经历了 2006 ~ 2008 年限制性股票激励计划失败之后，在 2010 年又拟定了新一轮股票期权激励计划。

万科在 2011 年 4 月第一次临时股东大会通过《万科企业股份有限公司 A 股股票期权激励计划》（草案修订稿），根据激励计划，对公司的受薪的董事会、高级管理人员、核心业务人员在内 810 名员工，授予总量 10 843.5 万份的股票期权，占授予时公司股本总额的 1.0004%。

此次激励计划的授予日为 2011 年 4 月 25 日（授予日：本计划获得股东大会通过之后的 30 日内），股票期权的有效期为 5 年，授予的股票期权于授权日开始，经过一年的等待期（等待期：自授权日起至授权日起 12 个月内的最后一个交易日当日止），在之后的三个行权期，第一、第二和第三个行权期分别有 40%、30%、30% 的期权在满足业绩条件前提下获得可行权的权利（见表 A-1）。未满足业绩条件而未能获得行权权利的期权或者行权期结束后当期未行权的股票期权将立刻作废，由万科无偿收回并统一注销。

根据经毕马威华振会计师事务所审计的万科 2008 年、2009 年、2010 年、2011 年度的财务报告，万科 2011 年度归属于上市公司股东的净利润为 96.25 亿元，归属于上市公司股东的扣除非经常性损益的净利润为 95.67 亿元，都不低于授权日（2011 年 4 月 25 日）前最近三个会计年度（2008 年、2009 年、2010 年）的平均水平 55.49 亿元和 54.26 亿元。

表　A-1

阶段名称	时间安排	行权条件	行权比例
第一个行权期	自授权日起 12 个月后的首个交易日起至授权日起 36 个月的最后一个交易日当日止	T 年全面摊薄净资产收益率（ROE）不低于 14%，T 年较 T–1 年的净利润增长率不低于 20%（归属于上市公司股东的扣除非经常性损益的净利润不得低于授权日前最近三个会计年度的平均水平且不得为负）	40%
第二个行权期	自授权日起 24 个月后的首个交易日起至授权日起 48 个月的最后一个交易日当日止	T+1 年 ROE 不低于 14.5%，T+1 年较 T–1 年的净利润增长率不低于 45%（归属于上市公司股东的扣除非经常性损益的净利润不得低于授权日前最近三个会计年度的平均水平且不得为负）	30%
第三个行权期	自授权日起 36 个月后的首个交易日起至授权日起 60 个月的最后一个交易日当日止	T+2 年 ROE 不低于 15%，T+2 年较 T–1 年的净利润增长率不低于 75%（归属于上市公司股东的扣除非经常性损益的净利润不得低于授权日前最近三个会计年度的平均水平且不得为负）	30%

根据毕马威华振会计师事务所审计结果以及万科 2011 年年度股东大会审议通过的 2011 年年度报告，2011 年万科的全面摊薄净资产收益率为 18.17%，不低于 14%，2011 年较 2010 年净利润增长 32.15%（高于 20%）（见表 A-2）。因此，第一个行权条件已经达成。2011 年，获授股票期权的 810 名激励对象中，其中 95 名激励对象因离职未获准行权的股票期权予以作废。第一次行权的 715 名激励对象获授的股票期权合计 9623.95 万份，本次行权的股票期权共 3849.58 万份。

表 A-2 实施结果

项目	2011 年	2012 年	2013 年
年净资产收益率	18.17%	19.66%	19.66%
项目	2011 年较 2010 年增长率	2012 年较 2010 年增长率	2013 年较 2010 年增长率
净利润增长率	32.15%	72.83%	107.59%

根据经毕马威华振会计师事务所审计结果，万科 2011 年、2012 年度归属于上市公司股东的净利润分别为 96.25 亿元、125.51 亿元，归属于上市公司股东的扣除非经常性损益的净利润分别为 95.67 亿元、125.11 亿元，都不低于授权日（2011 年 4 月 25 日）前最近三个会计年度（2008 年、2009 年、2010 年）的平均水平 55.49 亿元和 54.26 亿元。同时，2012 年万科的全面摊薄净资产收益率为 19.66%，不低于 14.5%，万科 2012 年较 2010 年净利润增长 72.83%，2012 年较 2010 年的净利润增长率不低于 45%。因此，第二个行权条件已经达成。第二次行权的激励对象共有 640 名，获准行权的股票期权共计 26 820 150 份。

根据经毕马威华振会计师事务所审计结果，万科 2011 年、2012 年、2013 年归属于上市公司股东的净利润分别为 96.25 亿元、125.51 亿元、151.19 亿元，归属于上市公司股东的扣除非经常性损益的净利润分别为 95.67 亿元、125.11 亿元、151.14 亿元，都不低于授权日（2011 年 4 月 25 日）前最近三个会计年度（2008 年、2009 年、2010 年）的平均水平 55.49 亿元和 54.26 亿元。同时 2013 年万科的全面摊薄净资产收益率为 19.66%，不低于 15%，万科 2013 年较 2010 年净利润增长 107.59%，2013 年较 2010 年的净利润增长率不低于 75%。因此，第三个行权条件已成就。本次行权为第三期行权，本次行权的 543 名激励对象在获授股票期权的激励对象范围之内，本次行权的股票期权数量为 23 452 950 份，未超过激励对象获授股票期权数量的 30%。

第三阶段：引入经济利润奖金

2010 年，为落实股东导向，推动经营决策与股东利益的一致性，鼓励持续创造卓越业绩，万科对业绩考核体系进行了调整，进一步强化了净资产收益率、净利润增长率等经营指标的要求，此外还引入经济利润（EP）作为卓越绩效奖金考核的指标；同时，公司对整体薪酬体系进行调整，减少短期激励力度，引入长期激励机制，形成固定薪酬、短期激励和长期激励相结合的完善薪酬结构体系。

2013 年，基于鼓励真实价值创造的导向，万科又对销售奖、年度利润奖和经济利润奖金的计提口径和发放方式等细节进行了一些调整，并在原有销售奖的基础上引入月度奖金，进一步完善薪酬结构体系。

经济利润奖金奖励对象包括公司高级管理人员、中层管理人员、由总裁提名的业务骨干和突出贡献人员。以公司当年实现的经独立第三方计算的 EP 作为业绩考核指标和提取或扣减基数，采取正负双向调节机制，按固定比例 10% 提取或扣减经济利润奖金，即如果当年公司 EP 为正数，则在指定的奖金账户中按规定比例增加相应额度的奖金；如果当年公司 EP 为负数，则按规定比例从奖金账户中扣减相应额度的奖金。在每年年度报告获董事会批准后，公司根据 EP 计算结果报告，将当年经济利润奖金划拨至奖金账户或从奖金账户中将相关资金拨回至公司账户，完成当年奖金账户的调整。年内以该时点奖金账户上资金余额为基数，按照 40% 的比例提取用于发放奖金。

用于发放的奖金分为两部分：一部分作为集体奖金递延支取，该部分奖金的具体金额不明确到个人，奖金按照本方案的规定统一管理，并附加约束条款；集体奖金之外的奖金为个人奖金，当期领取。每年集体奖金占全部用于发放的奖金的比例由总裁提出方案，经董事会主席批准，报薪酬与提名委员会通过。集体奖金可委托第三方机构进行管理，并获取投资收益。

2014 年的年报中提出对集体奖金的封闭运行。每年提取的经济利润奖金全部作为集体奖金，需封闭运行三年，其间不得进行分配，所有的奖励对象三年以后才可申请支取。集体奖金的奖励对象全体通过授权委托的方式，委托第三方对集体奖金进行投资管理并获取投资收益。投资方向包括各种有价证券（含公司发行的各种有价证券，如公司股票）、私募基金等。第三方可通过结构式融资或举债等方式在承担更高风险的前提下谋取更高投资收益。集体奖金分的奖励对象，每年按照年内的业绩表现及对公司的贡献，获得年功积分。经济利润奖金提取满三年后，奖励对象可以申请兑现其 *T* 年的年功积分。奖励对象兑现积分支取集体奖金的同时，扣除对应积分数量。

如集体奖金的奖励对象在递延期内出现违反职务行为准则或导致公司蒙受重大损失的行为等情况，其支取资格将被部分甚至全部剥夺。担任董事、监事或高级管理人员的奖励对象的集体奖金，递延时间到奖励对象不再担任董事、监事或高级管理人员职务之日止，之后的下一年度起激励对象可申请分批支取其集体奖金；其他奖励对象的集体奖金，在其成为集体奖金奖励对象的前三年内不能实际支取，从第四年开始，奖励对象可以按规定逐年支取一定金额的集体奖金。

奖励对象按规定可支取的集体奖金部分也可申请自愿延后支取，此时该部分集体奖金无论任何情况下皆不可再被剥夺。2010 ~ 2013 年的年度经济利润奖金及实际支付给奖励对象的奖金详细如表 A-3 所示。

表 A-3　年度经济利润奖金一览表

年度＼经济利润奖金	年度经济利润奖金（亿元）	实际支付给奖励对象的经济利润奖金（亿元）
2010 年	1.05	0.90
2011 年	2.61	1.88
2012 年	4.37	3.22
2013 年	5.59	2.61

在第十七届董事会第一次会议对经济利润奖金方案进行修订后，根据新的经济利润奖金方案，又一次性提取 2010 ~ 2013 年计提在经济利润奖金额度内留存的人民币 9.11 亿元，全部作为集体奖金，和之前年度计提的集体奖金一起封闭运行三年，期间不得进行分配。

2010 年推出经济利润奖金制度以来，万科全面摊薄净资产收益率水平逐年上升，到 2012、2013 年，上升到 19.66%，是万科 20 年来的高位。

第四阶段：事业合伙人持股计划

2014 年，为进一步激发经营管理团队的工作热情和创造力，强化经营管理团队与股东之间的紧密联系，为公司创造更大的价值，万科开始实施事业合伙人机制。在公司层面，推进事业合伙人持股计划。包括在公司任职的全部 8 名董事、监事、高级管理人员在内的 1320 位员工自愿成为公司首批事业合伙人，并签署了《授权委托与承诺书》，将其在公司经济利润奖金集体奖金账户中的全部权益，委托给深圳盈安财务顾问企业（有限合伙）的普通合伙人进行投资管理，包括引入融资杠杆进行投资，同时承诺在集体奖金所担负的返还公司或有义务解除前，该部分集体奖金及衍生财产统一封闭管理，不兑付到具体个人。万科骨干团队，从此跟股东成为公司的投资者。无论持股计划还是项目跟投，万科都引入了杠杆，这意味着，事业合伙人团队将承受比股东更大的投资风险。

附录 B

阿里巴巴合伙人制度[⊖]

ENTERPRISE
PARTNER

⊖ 见阿里巴巴集团官网—公司治理—阿里巴巴合伙人制度英文版。

自从 1999 年我们的公司创始人首次在马云的公寓里集会以来，他们及管理团队就一直坚持合伙人的精神。我们将文化看作我们取得成功、服务客户的能力、提升员工、为股东带来长远价值的根本。2010 年 7 月，为了保持合伙人精神，确保公司使命、远景和价值观的可持续性，我们决定将这种合伙人制度正式定义为“湖畔合伙人”，以当初公司成立时马云和其他创始人集会的“湖畔花园”小区来命名。我们将这种合伙人关系称作阿里巴巴合伙人。

我们坚信，我们的合伙人制度策略帮助我们更好地管理业务，使高管人员相互协作，克服官僚主义和等级制度。阿里巴巴合伙人目前共有 27 名成员，由 22 名来自我们公司的管理人员、4 名来自阿里小微金融服务集团的管理人员和 1 名来自菜鸟网络科技有限公司的管理人员组成，其中有两名成员既是我们公司的管理人员也是阿里小微金融服务集团的管理人员。阿里巴巴合伙人的人数是不固定的，随着新合伙人的入选以及现有合伙人的退休或离开，合伙人的数量会不时地变动。

我们的合伙人制度是一个动态的体制，通过每年引入新的合伙人保持优秀、创新和持续性。不同于通过高投票权使得少数创始人能够集中控制公司的双重股权结构，我们的合伙人制度能够体现一大群管理合伙人的视野。即使我们的创始人将来终有一天会退休，这种合伙人结构使得创始人创建的文化得以保持延续。

与我们的合伙人制度相一致的是，所有的合伙人投票都是建立在一人一票的基础上。

合伙人关系将根据合伙协议运作。我们将在本次发行完成之前对合伙协议进行修改。合伙人关系在促进我们业务发展的原则、政策和程序下运行。以下将详细介绍阿里巴巴合伙人制度。

合伙人的提名和选举

阿里巴巴合伙人制度每年都要选举新的合伙人。选举之前，先由现有合伙人向合伙人委员会提名候选人。选举新合伙人的标准和程序强调的是要对合伙人、客户、员工以及股东负责。合伙人委员会会审核并决定被提名的候选人能否参加选举。新合伙人的当选需要得到至少75%合伙人的同意。

要有资格参加竞选，候选人必要具备以下特性：

- 为人正直、性格好。
- 至少连续为阿里巴巴集团或我们的关联公司、子公司服务5年。
- 对阿里巴巴集团的业务做出过贡献。
- 认同我们公司的文化，品质和行动与我们公司的使命、远景和价值观保持一致。

为了保持合伙人与股东的利益一致，我们要求**每个合伙人在其任期内都必须持有一定数量的公司股权。**因为被提名者必须在我们公司或者我们的关联公司、子公司工作至少5年，所以当他/她成为合伙人时，他/她将或者已经通过我们公司的股权激励和股票购买计划取得一定数量的公司股权。

合伙人的责任

合伙人的主要责任就是体现和发扬我们公司的使命、远景和价值观。我们希望合伙人能够不仅在公司内部，而且向我们的客户、合作伙伴以及圈子内的其他参与者宣传我们公司的使命、远景和价值观。

合伙人委员会

合伙人委员会由 5 名合伙人构成，目前是马云、蔡崇信、陆兆禧、彭蕾、曾鸣。合伙人委员会负责合伙人的选举事宜以及将薪酬委员会分配给合伙人的年度现金红利分配给非执行官员的合伙人。**合伙人委员会委员每届任期三年，可连任。**每三年选举一次委员会委员。每次选举之前，合伙人委员会将提名 8 个合伙人。每个合伙人可以投票给 5 个被提名者，得票最高的 5 个被提名者将当选合伙人委员会委员。

董事提名权

根据我们的公司章程（将被修改包含以下内容并在本次发行后生效），**阿里巴巴合伙人享有提名过半数董事会成员的专属权。**被提名董事必须在每年的股东大会上得到半数以上投票。

如果阿里巴巴合伙人提名的董事没有获得股东大会的选举，或在选举后因为任何原因离开了董事会，阿里巴巴合伙人有权任命另一个人作为临时董事以填补空缺，直至下一次年度股东大会。

在下一次年度股东大会上，被任命的临时董事或者是阿里巴巴合伙人提名的替代被提名董事将代表原来的被提名董事行使其选举权。详见“股本详情——普通股——董事的提名、选举和免职”。

如果任何时候，因任何原因（包括阿里巴巴合伙人提名的董事不再是董事会成员、阿里巴巴合伙人之前没有行使董事提名权），董事会成员中由阿里巴巴合伙人提名或任命的合伙人不足半数时，阿里巴巴合伙人有权任命额外的董事以确保董事会中半数以上成员由阿里巴巴合伙人提名或任命。

被提名董事人选，由合伙人委员会推荐，并由全部合伙人投票，过半数通过。最初，阿里巴巴合伙人提名的董事将都是合伙人成员。但是，我们期待在将来被提名者也会包括有资格担任董事的非合伙人。

任何对阿里巴巴合伙协议中有关合伙人关系的宗旨或者关于阿里巴巴合伙人履行董事提名权的修改，必须经过多数董事（不包括被提名者或被任命者，并且是纽交所公司管理规则 303A 或纳斯达克市场规则 4350 中规定的“独立董事”）的批注。

有关以上提名的权利和程序的条款将被并入修改后的公司章程，并将于本次发行完成后生效。根据修改后的公司章程，阿里巴巴合伙人的提名权和公司章程中的相关条款，只有在得到出席股东大会 95% 以上股东投票的情况下才能予以修改。

我们预计本次发行完成后的第一届董事会由 9 名成员组成，其中 4 名董事将由阿里巴巴合伙人提名。我们将与软银和雅虎达成一个表决权拘束协议（将在本次发行完成后生效），根据此协议规定，软银和雅虎同意在每年度的股东大会上都将投赞成票给阿里巴巴合伙人提名的董事。

因此，只要软银和雅虎继续是我们公司的主要大股东，阿里巴巴合伙人提名的董事将在每次大会上都能得到多数投票并当选董事。详见“关联方交易——与雅虎和软银的交易——表决权拘束协议”。

阿里巴巴合伙人的提名权和表决权拘束协议将限制你影响公司事务的能力，并且阿里巴巴合伙人的利益可能与你的利益并不一致。详见“风险事项——与公司结构相关的风险——阿里巴巴合伙人和相关的表决权拘束协议将限制你提名和选举董事的能力”。

红利基金

我们公司的董事会，根据薪酬委员会的建议，批准每年度给管理团队（2013 财政年度有大约 150 人）的现金红利基金，基金金额为我们公司税前营业利润的一部分。当年度现金红利基金计算出来后，薪酬委员会会先决定分配给非合伙人管理人员的比例。剩下的部分将分给合伙人管理人员。

合伙人委员会将决定合伙人管理人员的年度现金红利基金分配，其中分配给执行官员的部分需要经过薪酬委员会的批准。合伙人对公司业务的贡献以及对公司使命、远景和价值观的促进将决定其分配到的红利。合伙人管理人员的年度现金红利基金中的一部分，将被延迟支付，延迟支付的部分及支付时间表由合伙人委员会决定。只有继续在我们公司工作的合伙人才有资格参与延迟的红利基金分配。

退出和免职

当合伙人停止在阿里巴巴集团或其关联公司、子公司的工作时，他们将退出合伙人关系，但是马云和蔡崇信将保持合伙人资格直至他们自己选择退出合伙人关系或被免除合伙人资格。如果过半数合伙人投票同意，任何合伙人（包括马云和蔡崇信）都将被免除合伙人资格。

和其他合伙人一样，马云和蔡崇信在他们保持合伙人资格期间，必须和所有合伙人一样保持一定数量的股权持有。当马云和蔡崇信停止在阿里巴巴集团的工作后，即使他们仍拥有合伙人身份，也不能获得年度现新红利基金的分红。

限制条款

根据修改后的公司章程，如果我们公司发生任何控制权的变更、合并或出让，关于在交易中涉及的股票，合伙人和其他股票持有人将受到相同的考虑。此外，修改后的公司章程规定，阿里巴巴合伙人不能转让或者委托他人行使有关提名董事的权利；若要修改合伙协议中有关提名董事的程序，需要得到独立董事的一致同意。修改后的公司章程还规定，若要修改合伙协议中有关合伙人对多数董事的提名权的条款，必须得到多数独立董事的批准。

阿里巴巴合伙协议的修改

任何对合伙协议的修改，需要经过所有合伙人的 75% 的同意。

合伙人持有阿里巴巴股权的要求

每个合伙人直接持有或通过其子公司持有我们公司的股权。从某人成为合伙人之日起（现在的 28 名合伙人是 2014 年 1 月 1 日）3 年内，其必须至少保留成为合伙人时所持股权（包括可行权股票和不可行权股票）的 60%。3 年之后，如果其仍是合伙人身份，其必须至少保留成为合伙人时所持股权（包括可行权股票和不可行权股票）的 40%。目前，所有合伙人直接或间接持有公司普通股总计大约 326 064 023 股（包括可行权股票和不可行权股票）。本段所述持股要求的豁免，必须由多数独立董事通过。

参考文献

[1] 郁亮．万科 2014 春季例会上的主旨讲话：事业合伙人 [J]. 万科周刊，2014(3).

[2] 郁亮．2015 亚布力论坛演讲稿：万科的事业合伙人制 [Z]. 2015.

[3] 万科．万科年报—万科 A 年度报告 [Z]. 2010/2011/2012/2013/2014.

[4] 王石．道路与梦想：我与万科（1983 ~ 1999）[M]. 北京：中信出版社，2014.

[5] 郁亮．政策松绑就是回到 2008 年，也没用 [J]. 21 世纪商业评论，2014（10）.

[6] 黄秋丽．万科逻辑：从 100 亿到 2000 亿的秘密 [M]. 北京：中国友谊出版社，2014.

[7] 吴丹．来自事业合伙人的一线报告 [J]. 21 世纪商业评论，2014（10）.

[8] 万科集团．万科推事业合伙人 2.0 版本 [J]. 21 世纪经济报道，2015（04）.

[9] 万科集团．深度解读：万科的事业合伙人制到底怎么玩 [J]. 万科周刊，2015（09）.

[10] Paul Hodgson. 可口可乐股权激励计划惹争议 [J]. 财富，2014（04）.

[11] 朱宁 . 投资者的敌人 [M]. 北京：中信出版社，2014.

[12] 理查德·康纳斯 . 巴菲特致股东的信：管理篇 [M]. 何正云，译 . 北京：中信出版社，2010.

[13] L J 瑞德豪斯 . 巴菲特致股东的信（精华篇）[M]. 王正林，王权，译 . 北京：中信出版社，2010（10）.

[14] 沃伦·巴菲特 . 巴菲特致股东信：股份公司教程 [M]. 陈鑫，译 . 北京：机械工业出版社，2014.

[15] 谭华杰 . 揭秘万科事业合伙人 [J]. 中欧商业评论，2015（90）.

[16] 张维迎 . 理解公司：产权、激励与治理 [M]. 上海：上海人民出版社，2014.

[17] 陶旭东，应煌 . 解析阿里巴巴合伙人制度 [J]. 君合法律评论，2015（02）.

[18] 周云成 . 马云魔咒：从“独孤九剑”到“六脉神剑”[J]. 商界评论，2007（11）.

[19] 王冠雄 . 阿里巴巴合伙人制大剖析 [M]. 互联网新观察，2015（01）.

[20] 阿里巴巴 . 阿里巴巴合伙人制度 [Z]. 阿里巴巴官方网站 .

[21] 黄卫伟 . 以奋斗者为本：华为公司人力资源管理纲要 [M]. 北京：中信出版社，2015.

[22] 张运辉 . 从华为股票陷阱看企业股权设计 [J]. 证券时报，2013（06）.

[23] 明叔亮，胡雯，莫莉，等 . 华为股票虚实 [J]. 财经,2012(16).

[24] 曲智 . 任正非内部讲话：关键时，任正非说了什么 [M]. 北京：新世界出版社，2013.

[25] 黄卫伟 . 华为实践与中国式管理 [J]. 华夏基石 e 洞察，2014

（10）.

[26] 华为心声社区 . 任正非在公司近期激励导向和激励原则汇报会上的讲话 [Z]. 2015.

[27] 王钦 . 海尔新模式：互联网转型的行动路线 [M]. 北京：中信出版社，2015.

[28] 曹仰峰 . 海尔转型：人人都是 CEO[M]. 北京：中信出版社，2014.

[29] 刘俊勇，张译中 . 京瓷与海尔管理模式比较 [J]. 新理财，2012（04）.

[30] 海尔集团 . 以自主经营体为基础的人单合一管理 [J]. 企业管理，2012（06）.

[31] 章凯，李朋波 . 组织—员工目标融合的策略：基于海尔自主经营体管理的案例研究 [J]. 管理世界，2014（04）.

[32] 苏慧文，李博 . 自主经营体商业模式创新案例研究 [J]. 管理案例研究与评论，2013，6（5）.

[33] 王红，张俊玲，蔡元企 . 海尔 HR 大数据增值服务系统构建 [J]. 中国人力资源开发，2015（10）.

[34] 方安静，郝瑾，刘洋 . 让员工由执行者变创业者：张瑞敏的人才激励观 [J]. 企业家管理思想，2015（14）.

[35] 王筱楠，纪婷琪，张俊玲 . 海尔按单聚散的新型人力资源管理模式 [J]. 中国人力资源开发，2015（10）.

[36] 任华，韩海良，贾春娟 . 海尔对赌激励模式 [J]. 中国人力资源开发，201（10）.

[37] 引头麻实 . 日航重生 [M]. 陈雪冰，译 . 北京：中信出版社，2014.

[38] 加护野忠男，谷武幸，三矢裕．阿米巴模式 [M]. 刘建英，译．北京：东方出版社，2013.

[39] 稻盛和夫．稻盛和夫的实学 [M]. 曹岫云，译．北京：东方出版社，2013.

[40] 稻盛和夫．阿米巴经营 [M]. 陈忠，译．北京：中国大百科全书出版社，2009.

[41] 彼得·德鲁克．公司的概念 [M]. 慕凤丽，译．北京：机械工业出版社，2009.

[42] 杰弗瑞 K 莱克，迈克尔·豪瑟斯．丰田文化：复制丰田 DNA 的核心关键 [M]. 王世权，韦福雷，胡彩梅，译．北京：机械工业出版社，2011.

[43] 杰弗瑞·莱克．丰田模式：精益制造的 14 项管理原则 [M]. 李芳龄，译．北京：机械工业出版社，2011.

[44] 彼得·德鲁克．21 世纪的管理挑战 [M]. 朱雁斌，译．北京：机械工业出版社，2009.

[45] 彼得·德鲁克．后资本主义社会 [M]. 傅振焜，译．北京：东方出版社，2009.

[46] 丹尼尔·戈尔曼．情商决定领导力 [J]. 哈佛商业评论，2012（10）.

[47] 加里·哈默，比尔·布林．管理的未来 [M]. 陈劲，译．北京：中信出版社，2012.

科特勒营销系列

书名	作者	ISBN	价格
水平营销	（美）菲利普·科特勒	978-7-111-46978-0	39.00元
营销十宗罪：如何避免企业营销的致命错误	（美）菲利普·科特勒	978-7-111-47355-8	30.00元
逆势增长：低增长时代企业的八大制胜战略	（美）菲利普·科特勒、米尔顿·科特勒	978-7-111-43291-3	39.00元
营销革命3.0：从产品到顾客，再到人文精神	（美）菲利普·科特勒	978-7-111-33248-0	36.00元
正营销：获取竞争优势的新方法	（美）菲利普·科特勒	978-7-111-40314-2	45.00元
企业的社会责任	（美）菲利普·科特勒	978-7-111-35721-6	39.00元
营销的未来：如何在以大城市为中心的市场中制胜	（美）菲利普·科特勒、米尔顿·科特勒	978-7-111-50071-1	45.00元
东盟新机遇：科特勒带你探索东南亚市场	（美）菲利普·科特勒 等	978-7-111-53103-6	39.00元